数学教学行思

——我的教育20年

王恒干◎著

中国致公出版社
China Zhigong Press

图书在版编目（CIP）数据

数学教学行思：我的教育20年 / 王恒干著. 一北京：中国致公出版社，2019

ISBN 978-7-5145-1513-8

Ⅰ. ①数… Ⅱ. ①王… Ⅲ. ①小学数学课—教学研究 Ⅳ. ①G623.502

中国版本图书馆CIP数据核字（2019）第236377号

出　　版	中国致公出版社	
	（北京市朝阳区八里庄西里 100 号住邦 2000 大厦 1 号楼西区 21 层）	
出　　品	北京言之凿文化发展有限公司	
	（北京市昌平区超前路 35 号）	
发　　行	中国致公出版社（010-66121708）	
作品企划	三名书系	
责任编辑	周寅庆	
特约编辑	张晨曦	
封面设计	姜　龙	
内文设计	李　娜	
印　　刷	北京虎彩文化传播有限公司	
版　　次	2022年6月第1版	
印　　次	2022年6月第1次印刷	
开　　本	787mm×1092mm　1/16	
印　　张	13.25	
字　　数	239千字	
书　　号	ISBN 978-7-5145-1513-8	
定　　价	45.00元	

干对小学教育的"迷恋"与"坚守"。此书是一位勤耕教坛的实践者的足迹，也是一名思考型教师成长发展的印记，较好地诠释了新时代教师的专业品质和良好师德，对广大的一线数学教师有很好的示范借鉴作用。

昔日的学生，如今同为教育工作者，真的为恒干感到骄傲自豪，更应为他鼓与呼。由心而发一些感想，姑且为之序吧！

江苏省特级教师、盐城市教科院副院长　马群仁

2019年7月于盐城

序 言

PREFACE

序 一

桌上一摞厚厚的书稿，不觉唤起了我许多美好的回忆。

作者王恒干，是我工作第一站——江苏省盐城师范学校的学生。印象中的他，朴素勤快，还透着那么一股韧劲。那时，他担任班级的生活委员，班级的事务打理得井井有条，班级的活动组织得风生水起。记得，他在我的语文课上并不突出，可数学老师说，这孩子与数学有因缘。也是，其他班每月的饭菜票发放总出现这样那样的问题，我班却一直井然有序。可见，那时的他即表现出数学的天赋，故有"数学王子"的称号。他为人真诚，做事踏实，数学学得特别棒！

机缘巧合，恒干毕业后留在了盐城城区工作，我工作变动调到了盐城市教科院，因为工作业务的关系，我们常有接触。爱好且擅长数学的他，到了学校又任教数学，可谓是"如鱼得水"吧。参加学科赛课，从区、县到市，又冲到了省、全国，一路凯歌。先天的聪慧，加之后来的勤奋，他的专业能力发展迅速，很快成长为市、区骨干名师。教而优则仕，年轻的他便修炼成了一所小学的校长。后来，间而不断地听到他的讯息，或个人的业务成长，讲课报告深受欢迎，学科论文颇有见地，参加评审又屡获殊荣；或学校的办学管理，理念先进，特色鲜明，活动报道常见诸媒体等。我打心底为有这样的老师"学生"、校长"学生"而骄傲、自豪！

今天，恒干送来了这摞书稿——《数学教学行思——我的教育20年》，邀我阅览。我内心欣喜，感慨丛生。本书分教育、教学两大类，六个篇章：教学主张、教学策略、教学实践、教学研究、教育管理、教育杂感。细细翻阅，此书大致有这样几个特点：一是突出问题导向。作者能够抓住数学教学中的敏感即时问题，进行较深入的思考研究，具有较好的实践价值。二是基于案例研究。作者就小学数学不同领域的单个主题，开展较全面的实践探索，形成了成功的教学范式与指导策略。三是坚守教育情怀。全书字里行间遍布作者对数学的热忱，对学生的挚爱，还浸透了他对数学教学20多年不变的"痴情"。绵延书中的，更多是恒

序 二

　　获知爸爸将要出书的消息时，我是有些惊讶的。一是讶异于这个决定的突然，二是疑惑于他究竟有什么可以拿去编辑成册。但当看到文件夹里归纳有序、反复校对后的一篇篇文章后，我逐渐明白了他的想法：大概是想给已至不惑之年的自己留下一个纪念、一个总结，在人生之途的这个节点刻下一个记号、立下一座里程碑，继而在未来的不断前行中，回首就能有所观望、有所触动、有所激励——过去的这四十几个年头没有虚度，将来的岁月也终究不会被浪费。这也是我写下这些文字的缘由，算是作为儿子在父亲教育生涯中的一次见证。

　　今年是爸爸从事教育事业的第23个年头。从一名普通的数学教师，逐步成长为当地小有名气的"名师"，成为学校管理教学事务的副校长，再到市、区的"名教师""名校长"，多年职业生涯的每一时、每一刻，他都没有吝惜过自己的努力和才华，毫不犹豫地将青春与汗水奉献给了这份崇高的事业。我曾见过他备课笔记上密密麻麻的字迹，也常在家中听见他模拟讲课时绘声绘色的话音；在我熄灯入眠后，他的书桌上依旧亮着那盏从未更换过的台灯，陪伴他孜孜以求于专业的发展。从这每一点每一滴中都能看出他对这份教书育人事业的热忱与尊重，以及不断突破自我、追求更高目标的决心，这本书或许正可以作为这种奋发与热情的标志。

　　爸爸是一个兼具幽默风趣与成熟稳重的人，他通过自己摸索出的教学模式，不断探求小学数学以至于人生教育的核心与真谛。他对教育的理解细致入微，并愿意在生活的各个角落去捕捉蕴含深刻意蕴的碎影与感悟。所以，这本书收录的不仅仅是数学教学与教育研究的成果总结，更多的是在与儿童、与学生、与社会、与教育的接触过程中，所产生的种种心得感悟。

　　此书分为六个篇章，分别为教学主张、教学策略、教学实践、教学研究、教育管理与教育杂感。

　　"教学主张"是通过几篇具体的课例研究，来阐述个人的数学教学主张，观点独到，浅显直接，展现了新时代教师的专业品质。

　　"教学策略"与"教学研究"则源自对日常教育教学中的问题由浅入深的剖

析，或注重专一项目的探索，由点扩散开去研究学习；或着重于大方向大问题的反思与总结，是立足于某一个面上的全方位研究。如此点面结合，虽不敢妄言面面俱到，可也算是"五脏俱全"，总能给人一些启发与引导。

"教学实践"是爸爸在上课的过程中对教学目标、教学内容、教学方法和教学过程等的记录归纳。每篇都长达数千字，内容十分翔实。我们可以看到他所记录的有关这些课程的灵感来源、实践思考，在教学设计中对学生循序渐进的引导、恰到好处的鼓励和精练简明的总结。而亲身上阵的体验与感受、文本图像资料的采集、呈现，不只是由实践中得来的收获，还是一位教育工作者脚踏实地的实干精神与态度。

"教育管理"记录的是作为管理人员对于学校大小事务的处理技巧与实践反思等。内容不再赘述，还请读者耐下性子，翻开书页。

"教育杂感"的内容皆提萃于教学对象的反馈或是日常生活中的种种，借助微小的细节举一反三，继而记录下由此引发的心得感悟，具有一定的教育哲理。这些文章的价值不仅在于察觉旁人所不能察觉的，更在于其通过不同视角并结合亲身经历而产生的真切性、实用性。

当今，综合国力的竞争主要是科技与人才的竞争，而教育正是培育人才、孕育技术的摇篮。因此，教育被视为最重要的社会责任之一。时代在前进，社会形势的变化也越来越大，陈旧老套的教育教学方式方法也不再适用。教育教学要跟上时代的脚步，变革的思想和行动便显得尤为重要。我认为，作为教育工作者，需要的是全面总结经验，并大胆开辟新路，真正做到因材施教、与时俱进，不断提高自我修养，为国民教育水平的提升奠定基石。

一个20年过去了，摆在前头的还有一个20年。衷心希望爸爸能在他的工作岗位上取得更大成就，担负起一个教育工作者应有的职责，在教书育人事业上获得突破性的进步，愈走愈远，愈走愈坚定！

王子尧

2019年7月于盐城中学

目 录

CONTENTS

第三篇　教学实践

第四篇　教学研究

第五篇　教育管理

第六篇　教育杂感

第一篇

教学主张

作者通过四个具体可感的课例研究，阐释了自己的教学主张：数学教学要融生活、思维与文化于一体，努力从传道走向育人、从方法走向思想、从学科走向综合，充分彰显"大数学"魅力，追寻数学的理性之美。对于广大的小学数学教师的教学实践，具有一定的示范指导价值。

追寻数学的理性之美

　　《义务教育数学课程标准（2011年版）》（以下简称《数学课程标准》）设置了"综合与实践"内容，明确了"综合与实践"的教学内涵与意义。对于这一新兴领域，苏教版小学数学教材给出了26个"综合与实践"的课例。由于对该课程的内容与特征、组织实施的要点与策略的不同理解和把握，目前存在学科教学的偏差，数学"综合与实践"不像数学课，没有了数学味；流于实践活动的表面，追求活动的热闹开展，缺少活动实践的内化，没有深入的数学思考；教学内容方式单一，缺少数学内部知识的勾连与学科间的联系，未能体现课程的综合性等问题。那么，如何准确领会其实践活动的数学本质，引导学生综合运用已有知识经验解决问题，沟通数学内部知识及与其他学科的联系，切实帮助学生积累基本活动经验，发展数学思维，提升综合实践能力？文章借助苏教版教材小学数学六年级上册《树叶中的比》的课例，呈现了"综合与实践"这一新兴领域的教学探索与研究，及其着力构建融数学生活、数学思维、数学文化于一体的"大数学课堂"的实践，能够有效地指向当前存在的问题的解决，彰显"大数学"教学的独特魅力。应该说，对于广大的小学教师的教学实践，具有一定的指导与借鉴价值。

注重实践　强调综合　凸显思维
——《树叶中的比》教学实录与思考

【教学内容】

　　苏教版义务教育教材小学数学六年级上册第66～67页"综合与实践"《树叶中的比》。

【教学目标】

（一）使学生通过观察、测量、计算、比较、分析等活动，探索并发现一些常见树叶的长与宽的比，感受树叶的形状和它的长与宽的比之间的关系，进一步积累数学活动经验，发展数据分析观念，培养探索和创新意识。

（二）使学生在探索与发现树叶的有关规律的活动中，初步感受自然现象中蕴含的简单规律，培养用数学眼光观察生活的意识和能力。

（三）使学生通过小组合作与交流，感受数学实践活动的意义及价值，增强学生学习与应用数学的兴趣，培养学生的团队协作精神。

【教学准备】

课件、学习单、树叶等学具。

【教学过程】

（一）提出问题

（播放歌曲《一叶知秋》）

师：同学们，知道这首歌吗？对，它就是2007年"快乐男声"全国总冠军陈楚生演唱的《一叶知秋》。一叶知秋，还是个成语，是什么意思呢？语文老师会怎么讲呢？

（学生讨论回答）

师：那么，从数学的角度来看这"一叶"，又能知道些什么呢？今天，我们就一起来研究树叶。（板书：树叶）

（课件出示柳树、香樟图片，聚焦两种树叶）

师：请看大屏幕，仔细观察这两种树叶，你能说说它们长什么样儿吗？

生：我觉得柳树叶长得细细长长的，而香樟树的叶子长得胖胖的。（指名学生演示）

师：是呀，（比画）柳树叶的形状很细长，而香樟树的叶子则显得宽多了。在数学里，我们是这样规定树叶的长和宽的。

（课件录音：树叶的长一般指沿主叶脉方向量出的最长部分的长度，注意不含叶柄，树叶的宽一般指沿与主叶脉垂直的方向量出的最宽处的长度。同步动画演示树叶的长和宽。）

（思考：流行歌曲引出成语"一叶知秋"，继而引出树叶，从学生熟悉的知识情境引入新课，较好地激发了学生的学习兴趣与内在需求。让学生通过观察身边常见的两种树叶的形状，凭着学生已有的经验，充分感知树叶的形状，有的"细细长长"，有的"宽宽大大"，从而，为下面研究树叶的长与宽做好认识上的准备，同时为研究树叶的形状和它的长与宽的关系播下探究的种子。然而，从树叶的形状感知过渡到长与宽的认知，仍显得有些突兀。）

师：明白了吗？其实呀，大自然中的树叶形态各异、丰富多彩，看（课件出示教材主题情境图），认识它们吗？仔细观察这些树叶，你有什么发现？

生：我发现它们的颜色不同，有的叶子是绿色的，有的叶子是红色的，还有的叶子是黄色的。

生：我发现它们的形状不一样，有的是圆圆的，有的是长长的，还有的是扁扁的。

师：老师对银杏树的叶子比较感兴趣，谁来指一指它的长和宽分别在哪儿？你有什么发现？（指名学生演示）

生：我发现银杏树的叶子的长比宽要短一些。

师：猜一猜，从数学的角度看，树叶的形状可能和什么有关系？

生：可能与树叶的长和宽有关。

师：老师这里有几片树叶，你能根据它们的形状试着给排一排吗？小组里讨论一下怎么排？

（学生讨论）

师：哪个小组来排一排？（指名上黑板排）你们是怎么想的？

生：我们是根据这些树叶的长来排的。

师：树叶的形状和什么有关呢？你们考虑了树叶的长，是否还要考虑它的宽呢？有新想法吗？（学生调整树叶排序）

（思考：让学生给这些形状不同的树叶排序，可以调动学生已有的生活经验，让学生用目测的方法，从"圆"与"扁"、"大"与"小"等多种角度、多种标准去思考给树叶排序的方法；更重要的是学生体会排序、不断调整的过程便是他们积极思考的过程，也是他们分析研究问题的过程。如何引导学生从二维的角度观察树叶，整体把握形状，从而有目的地进行排序，还需进一步引发深入的思考。）

（二）探索实践

1. 商定方案

师：同学们，我们要检验这样排是否有道理，从科学的角度该怎么做？

生：可以先量一量树叶的长和宽。

师：是啊，测量是我们研究问题常用的方法，通过量一量树叶的长和宽，就能收集到最原始的数据。（板书：测量）量好了以后，怎么办呢？

生：量好了以后，记录下来并且计算长和宽的比值，用比值来表示长和宽的关系。（板书：计算）

师：量好了，算好了，接下来该怎么办？

生：算出了比值，我们就可以进行比较分析了。

师：对呀，数学中我们常常用比较这样的方法来对数据进行分析。（板书：比较）是的，测量、计算、比较是我们学习数学常用的方法，今天这节课，我们就用这些好方法来研究树叶中的比。（板书课题）

2. 小组活动

师：课前，老师给每个小组都准备了活动材料（师举一材料篮），请看，材料篮里有树叶、直尺、计算器和一张记录单，同一个组测量的是同一种树叶。请看活动要求（课件出示），谁来读一读？（指名读）

生：任务一，每组测量同一种树的树叶，组长给每位组员发一片树叶，并明确组员的分工。任务二，每人测量一片树叶的长和宽，算出它们的比值（得数保留一位小数），再把数据报给组长填入小组记录单。任务三，将测量计算的结果与树叶的形状对照，在小组里说说你们有什么发现，并记录下来。

师：请组长拿出材料篮，开始活动。

（学生分六个小组进行活动，完成三个任务。）

（思考：在教师的组织引导下，学生共同商定活动方案，为活动的有效开展奠定了基础。以小组为单位组织学生动手测量一片树叶的长与宽并做好记录，一方面培养了学生的小组合作意识，提高了活动的效率；另一方面通过每组测量同一种树叶，收集最原始的研究数据，让学生在合作中提高收集数据、整理数据的能力，为后续的分析数据、寻找规律做好准备。）

3. 分析数据

（1）引导发现规律一

师：下面我们一起来分享活动成果，请这个组推荐一位同学来汇报。

生：我们组测量的是香樟树的叶子，这是数据，我们发现：同一种类的树叶，虽然长宽数据都不尽相同，但长与宽的比值却很相近，形状也相似。

师：是呀，德国哲学家莱布尼茨就说过："世界上没有两片完全相同的叶子。"请每个小组都观察一下你们的数据是否也有这些规律。我们再请一个小组来汇报。

生：我们组测量的是红叶石楠的叶子，我们也发现长和宽的比值很接近。

师：这是为什么呢？

生：因为他们测量的都是同一种树的树叶。

（教师出示规律一：同一种树叶，长与宽的比值都比较接近。）

（2）组织猜比值游戏

师：是呀，虽然比值很接近，但并不都一样，我想找个数来代表这种树叶的比值，你估计是多少？在多少与多少之间？怎么求出这个数呢？

生：我认为这个数在1.8（最小）和2.1（最大）之间。

生：我们可以求出这组数的平均数。

师：好，就请各小组合作，计算出你们组的比值平均数。

（各小组计算比值平均数）

师：我们再请香樟小组来分享数据。（板书数据：1.9）同学们，下面我们做个"智慧猜猜乐"游戏，就以香樟树叶子的比值为参照，猜一猜其他树叶长和宽的比值可能是多少？选你喜欢的猜，在小组里说一说你是怎么想的。

生：我想猜红叶石楠的叶子，我认为它的平均数应该比1.9要大一些，因为它和香樟树的叶子的长差不多，宽要小些，所以比值应该大一些。

师：是吗？到底是多少，请红叶石楠组来公布。

生：我们算出来的平均数是3.1。

师：哟，你数学的感觉很好呀！（板书数据：3.1）

生：我想猜枇杷树叶。

师：有两个小组研究的都是枇杷树叶，请组长举起你们小组的树叶，看，一个大号的，一个小号的，你想猜哪一个？

生：我猜小号的，估计它的长和宽的比值大约5.2。

师：你是怎么想的？

生：我觉得它的长和宽相差有点儿大，应该比3.1要大。

师：瞧！这是它的宽（用手比画），那么长里面有几个这样的宽呢？（用手比画，长里面大约有几个宽）

生：老师，我发现刚才猜得有点儿大了，差不多应该是3。

师：好，请小号枇杷组公布你们的数据。

生：3.2。

师：调整了一下，你的感觉准多了，（板书数据：3.2）我们一起来猜猜大号的比值可能是多少。

生：我估计它的比值比3.2要大，因为这个叶子大一些。

生：我估计它的比值也是3.2，因为它们是同一种树的树叶。

生：我估计也是3.2，因为把小号的树叶长和宽都变大，就成了大号的。

师：你们真是活学活用，刚发现的规律就被用上了。大号组，你们的比值到底是多少？

生：也是3.2。（板书数据：3.2）

师：同学们，让我们想象一下，如果把小号叶的长和宽同时放大再放大，几乎就是这个（举大号叶）；看大号叶，想象缩小再缩小，几乎就是这个（举小号叶）。（重叠大小枇杷树叶）这样看，简直就是一个放大版与一个缩小版。（感知树叶形状的相似，渗透图形的放大与缩小，再次验证规律一）

（思考：同一小组测量同一种树叶，通过计算平均数来代表这种树叶长与宽的比值，让学生经历科学规范的数据收集过程，积累活动经验。一棵树上能看到大小不同的树叶，学生对树叶"有大有小"已有了生活感知，但是，对"同一种树叶，长和宽的比值比较接近"缺少深入的数学体验。为此，设计"以此猜彼""以小猜大"的猜比值游戏活动，不仅可以让学生再次验证和运用此规律，还能让学生体验按比例放大与缩小的规律，为后续学习比例的有关知识做了很好的铺垫。）

师：还有银杏和柳树的叶子，谁来猜？机会不多了。

生：我猜银杏树叶的比值是1.2，我觉得它的长和宽比较接近。

生：我觉得不可能是1.2，因为它的长比宽要短一些。

师：是吗？我们一起来看看它的长在哪儿，宽呢？

生：我觉得它的长和宽的比值要比1小一点，可能是零点几。

师：请银杏组公布你们的数据。

生：0.7。

师：（板书数据：0.7）你真棒！有双数学的眼睛。还有柳树叶，谁来猜？

生：我猜柳树叶长与宽的比值可能是四点几。

生：我猜它的比值可能是五点几，因为柳树叶很细长。

生：我猜它的比值可能是六点几，它的长和宽相差得太大了。

师：你们猜的方向、感觉都对了，不过还不够大胆，请柳叶组公布一下你们的比值。

生：10.8。

（学生惊叹）

师：（板书数据：10.8）我们一起来看看它们的数据，怎么会这么大呢？（呈现柳叶组的原始数据，感受长与宽数据相差大比值就会大的特征）

（思考：以一种树叶长与宽的比值为参照，去猜其他树叶长与宽的比值，看似简单的猜数，学生却要调动多种感官共同参与，充分激活已有的活动经验，或比较两种树叶的形状来猜数，或在教师的引导下目测树叶的长与宽来猜数，看长里面有几个宽。猜数的过程，既是学生再次观察、比较、分析、深入思考的过程，也是学生数感培养与提升的过程。然而，纵观猜数的过程，学生的自主探索、合作交流未能充分体现，教师的牵引显得有点多。）

（3）观察数据，自主发现规律二和规律三

师：六种树叶的比值都出来了，我们是否要重新排一排，按什么顺序排呢？

生：从小到大。

生：从大到小。

师：都可以的，就从小到大吧。

（教师重排树叶）

师：同学们，观察这些树叶的形状，对照它们的比值，想一想，这里面是否藏着什么规律呢？小组里讨论有什么发现。

（小组讨论交流）

生：我们发现，树叶长与宽的比值和它的形状之间有一定的关系，比值大的叶子长得瘦瘦的，比值小的叶子长得胖胖的。

师：你的意思就是说长与宽的比值越大，树叶就越狭长；长与宽的比值越小，树叶就越宽大。（出示规律二：树叶长与宽的比值越大，树叶就越狭长。）

生：我们还发现有的树叶不同，长和宽的比值也比较接近，比如红叶石楠树叶和枇杷树叶。

师：是呀，对照这两种树叶长与宽的比值，再观察它们的形状，你有什么发现？

生：比值很接近，样子有点相似，都是那种不胖也不瘦的。

师：你的意思是说，比值接近的不同树叶，形状可能相似。（出示规律三：不同树叶，形状相似，比值也接近）是这样吗？（在规律三后加问号）我们需要来验证一下。好，请拿出你们课前自己准备的树叶，量一量它的长和宽，直接算出比值。

（学生测量自己的树叶，并计算长与宽的比值，然后全班交流。）

师：这位同学测量的是这片树叶（举起），比值是多少，有和它接近的吗？请举起你们的树叶，观察一下它们的形状是否相似。由此，可以验证刚才发现的规律。

（指名学生说自己树叶的长与宽的比值。）

师：再请一位同学，他测量的是这片树叶（举起），比值是（生说），有和它接近的吗？也请举起树叶，看一看，它们的形状怎样，从而再次验证规律。

（教师去掉问号。）

（思考：借助有序排列的树叶形状，引导学生分析长与宽的比值，从而发现数据背后隐藏的数学规律，并再次强化规律发现过程的完整经历。这是一次重要的"数学化"，既体现了数学实践活动的科学严谨，也凸显了深入的数学思维。）

4. 拓展延伸

师：同学们，刚才我们通过测量、计算、比较的方法发现了树叶中隐藏着这么多规律。古人云："学不可以已。"就是说，学问没有顶点，学习就没有终点，让我们继续探索的脚步。请看这里，让我们大胆地想象，如果把它（红叶石楠树叶）想象成同长同宽的长方形，那么随着比值越大，这个长方形会怎样？

生：会越来越细长。

师：如果比值继续大呢？最终会变成什么样子呢？

生：几乎成了一条横线。

师：（画出一条横线）像这样的树叶你们见过吗？我这里有（出示雪松叶子）。咦，为什么不叫它松叶，而叫松针呢？

生：因为它的形状像根针。

师：是呀，树叶有很多特征就藏在它的名字里。让我们继续想象。这样看，比值越来越小，长方形会怎样？当小到为1时，这时长方形长和宽怎么样？

生：长宽相等，就成了正方形。

师：（板书1并出示正方形）有长与宽比值接近1的树叶吗？请举起来，它们的形状都是宽宽大大的，趋向正方形了。

师：如果再小呢？（出示银杏对应的竖长方形）继续小下去，会怎样呢？你看，大自然中美丽的树叶和我们数学中的图形还有这么奇妙的联系，难怪有人说，生活中只要是科学的、美的，那一定是数学的！

（全场自发掌声。）

（思考：把生活中的树叶抽象成数学中的图形，让学生通过想象再次感受"图"与"形"、"数"与"形"的完美结合，以形让数更直观，借数让形趋入微。在数据不断的变化中，形状图形也随之发生了变化，有效促使学生的数学思维更加开放、更为深刻，同时也渗透了函数与极限的数学思想。）

（三）回顾反思

师：同学们，今天我们一起上了一节数学实践活动课，回顾一下，你有哪些收获？

生：我发现了树叶中还有很多的数学规律。

生：我知道了学无止境。

生：我知道了生活中只要是科学的、美的，那一定是数学的！

师：我们是怎么发现这些规律的呢？

生：我们通过测量、计算和比较发现了这些规律。

师：是呀，学数学，规律很重要，发现规律的过程与方法更可贵。其实呀，我们今天发现的仅是树叶中普遍存在的规律，大自然中还存在一些特殊情况，同学们有兴趣，课后可以继续探索研究。树叶中的数学还有很多很多，需要我们用数学的眼光，不断去探索发现！

（思考：组织回顾反思环节，不仅让学生回想本节课所发现的规律，更重要的是让学生反思发现规律的过程与方法，积累基本活动经验，学会运用数学思想方法分析解决生活中的问题，激发学生的探究兴趣，培养学生的创新实践意识和数学的理性思维。整节课教学流畅，环节清晰，组织有效，然而容量显大，学生的思考时空不够充分，教学节奏有点急促。）

（文章发表于《江苏教育研究》2016年第四期课例研究专栏）

——— 让"综合与实践"流淌数学之美 ———

《数学课程标准》指出："综合与实践"是以问题为抓手，学生自主参与的学习活动；是帮助学生积累数学活动经验，培养应用意识与创新意识的有效载体。目的是引导学生用数学的眼光去观察生活，从熟悉的生活情境中发现并提出问题，综合运用已有的知识经验分析和解决问题，沟通数学学科与其他学科间的联系，从而培养学生的问题意识与创新思维，发展数学思维，提升综合实践能力，真正实现"综合与实践"的"基于问题，注重综合"的旨归。

基于以上理念，笔者认为"综合与实践"应从课程整合的视角出发，突出数学本质，渗透文化思想，实现学科关联，以问题为中心，多学科知识为背景，组织实施教学活动。因此，"综合与实践"应该是实践的，不仅是学生动手的操作实践，更多是动脑的思维探索实践，还应该是综合的，综合运用已有的数学知识、技能与经验，联结各学科，彰显数学文化气息。文章以苏教版教材小学数学六年级上册《树叶中的比》为课例，试图从生活实践、思维探索、数学文化等方面，探索研究"综合与实践"这一课型的教学内涵与价值意义，演绎"综合"与"实践"的精彩，努力追求课程的数学本质，尽显数学的理性之美。

一、基于操作实践，蕴含数学生活气息

苏霍姆林斯基说过："儿童的智慧在他的手指尖上。"因此，"综合与实践"首先是实践的，需要让学生自主操作实践。动手操作，可以让学生获取大量的感性知识，使抽象的数学知识形象化，深化对知识的理解和掌握。让学生运用已有的数学知识经验解决现实的问题，需要引导学生动手、动口、动脑去开展各项具体的实践活动，经历观察、实验、猜测、计算、推理、验证等过程，变"听数学"为"做数学"，变"看演示"为"实践操作"，变"机械接受"为"主动探究"，积极发展学生的主体意识，努力提升学生的实践能力。

课例《树叶中的比》以学生日常生活中随处可见的树叶为素材，让学生用所学的数学知识去观察、测量、比较、分析，研究发现其中蕴藏的数学规律。本课中，教者设计了两次操作实践活动。一是学生通过观察生活中常见的形态各异、丰富多彩的树叶，提出"其形状可能和什么有关，其中蕴含着什么规律"的数学问题，让学生自主产生操作实践的内在需要，经历"测量—计算—比较"的活动过程，发现树叶的形状取决于长和宽的比，继而又引发更多的探索与思考，发现了树叶中更多的数学规律。二是在学生比较分析数据产生了新的规律猜想时，适时组织学生测量计算自主采集的各种树叶的操作活动，进行数学验证，丰富规律猜想的数学获得。两次的操作实践活动，都有着明确的目标，没有贪多，也未追求形式的热闹，而是引导学生运用已有经验，展开数学思考，通过测量、计算、比较、分析、交流等途径，努力使学生的认识跳出"生活经验"层面，经历"数学化"的过程，发展学生的数学思维，进而解决实际问题。

"综合与实践"教学应以学生现实生活为背景，以问题为载体，引导学生操作实践、自主探索、合作交流。课例两次操作实践的素材都来自学生的现实生活，借助学生的生活实际，从熟悉的生活情境中发现并提出问题，经历数学的学习、探索与研究过程，从而解决问题，获得新的数学知识，是谓"生活数

学"。引导学生用数学的眼光观察、分析、研究生活的所见所闻，通过自主探究、合作交流，获得基本的数学活动经验，形成数学感觉，感受数学的精彩，让学生数学地生活，就是"数学生活"。这应是数学课堂应有的承载，也是我们数学教师的职责所在。

二、注重思维探索，散发数学研究气息

思维始于直观，达于抽象。波利亚认为，教师在课堂上讲什么固然重要，然而学生想什么更重要，教师的"教"要基于学生的"想"。因此，"综合与实践"需要动手的操作实践，更需要动脑的思维探索实践。在教学中，教师要能根据学生已有的知识经验和真实的思维水平，采用问题解决的方式，充分利用教学资源，有的放矢地进行思维探索活动的设计，创设数学思考交流情境，引导学生在实践过程中进行"思维操作"活动，把操作实践活化，深化学生的数学思考，发展学生的数学思维，让每个学生的思维在感受、品味、思辨中孕育、凝练、升华。

《树叶中的比》一课，教者的设计与实施没有停留在"实践操作"的表面，而是把数学思考贯穿于全课的始终。通过一个个的数学问题，一次次的思维探索经历，使学生理解和掌握抽象的数学知识，发现内隐的数学规律，获得丰富的活动经验，形成数学思想方法，促进学生数学思维的生长。例如，在学生测量六种树叶的操作活动后，教者精心设计了"智慧猜猜乐"的思维探索游戏，以香樟树叶长与宽的比值为参照，大胆猜想其他树叶长与宽的比值，看树叶猜比值，据比值想形状，对比辨析验证，训练了数感，活化了思维，积累了经验。再如，六种树叶根据比值重新排序后，课堂没有止步于此，教者更为用心地对实践结果进行追溯勾连、二度开发，设计了拓展延伸的探索研究活动，把生活中的树叶抽象为数学中的图形，由数学中的图形想象生活中的树叶（线段与松针），让学生感受"图"与"形""数"与"形"的完美结合，自然渗透函数与极限的数学思想，促使学生的数学思维更加开放、更为深刻。

数学源于思考，数学成就思维，数学思考决定数学教学形态。因此，数学的实践探索，不仅是动手的实践，更多的是思维的探索，相对于具体的实物操作活动，我们更应该强调"操作活动的内化"，引发学生数学地思考，深化学生的数学思维，让课堂充满数学研究与探索的气息，让"综合与实践"散发出

更加浓厚的数学味。

三、突出学科特征，尽显数学文化气息

《数学课程标准》指出："综合与实践"就是"学生综合运用所学的数学知识、思想方法解决一些数学问题或现实问题的过程"。也就是说，教学中要培养学生综合运用不同的方式方法学习综合性的数学内容，并能沟通起数学内部各领域知识之间的联系以及数学与其他学科之间的联系，从而更好地提升学生探索和解决数学实际问题的能力。"综合与实践"不像"数与代数""图形与几何"和"统计与概率"那样有鲜明的知识体系结构，而是基于现实生活情境下这三部分知识的有机综合和方法的灵活运用，这就需要教师在教学中既要注重联系各学科，也要体现数学学科特征，坚持数学"综合与实践"的数学本色。因此，"综合与实践"既是综合的、实践的，又是数学的。

在《树叶中的比》一课中，教者由歌曲《一叶知秋》导入，讨论分析"一叶知秋"在语文里的意思，过渡到从数学的角度看这"叶"又能获得什么，自然地引导学生观察日常生活中司空见惯的树叶，研究其形状的千姿百态。接着，没有过多地流连于颜色、姿态、光照等生物学方面的讨论，而是直接切入探索研究"树叶形状可能与什么有关"的数学问题。继而，教者有效组织学生进行自主实践活动，通过测量、计算、比较，探究发现树叶中隐藏的数学规律。进而，教者又引导学生对实践的结果做更为深入的思维探索，用数学中的图形类比生活中的树叶，有机渗透了图形结合、函数与极限等数学思想方法。课例注重学生数学实践活动方法的指导，如自主商定活动方案，用求平均数的方法对数据进行统计分析，突出对学生学习方式方法的培养训练。课例还引导学生勾连数学知识间的联系，运用已有经验解决问题，如用已学过的比的知识表示树叶长与宽的关系，对大小不一的同类树叶进行对比辨析，为后续"图形的放大与缩小"的知识教学做铺垫，做到了数学学习中有效的"瞻前顾后"。课例还突出对学生的数学思想、观念与数学精神的渗透培养，如引导学生用数学的眼光观察生活中的树叶，用数学的思维分析树叶中的规律，用数学的语言表达规律的发现；用荀子《劝学》中的"学不可以已"，激励学生不断探究数学的奥秘；用"世界上没有两片完全相同的叶子""生活中只要是科学的、美的，那一定是数学的"等哲学语言，激发学生学习数学的兴趣，凸显数学学科

的独到、精彩。

整合学科内知识，融合学科间的联系，建立"大数学"教学观是数学教育的未来趋势，也是开展数学"综合与实践"课程的基本要义。但要注意，数学无论其外在的形式载体怎样，都要突出数学学科的特点，让课堂弥漫知识技能、方式方法、语言观点、思想精神等数学文化要素的气息，用学科独特的魅力吸引学生、激发学生学好数学方是最持久、最强大的动力。

作为数学教育工作者，我们应该准确把握"综合与实践"课程的数学本质，基于"综合"与"实践"，全身心投入课程资源开发整合与教学实施中，全方面展现该课程的多姿多彩，努力加强学生数学综合素养的积淀与培养，充分彰显"大数学"教学的理性之美。

（文章发表于《江苏教育研究》2016年第4期课例研究专栏）

策略建构：从方法走向思想

——《解决问题的策略》教学例谈

《解决问题的策略》是苏教版教材富有特色的教学内容，在小学数学教学中有着较为重要的地位与价值。对于这里所言的"策略"，笔者以为，既可以是一个具体的方法手段，也可以是一种解决问题的思路方向，更应该是根植于心的分析思考问题的思想方法。我们都知道，有句话是这么说的：比知识重要的是方法，比方法重要的是思想。因此，可以这样理解：策略居于方法和思想之间，较方法上位，更接近于思想。那么，在数学教学中，如何科学准确地把握策略本质，建构策略模型，内化策略思想呢？文章以苏教版教材五年级下册《解决问题的策略》为课例，试图从感知策略方法、唤醒策略经验、发展策略意识、内化策略思想等方面，探索研究策略教学的本质内涵与实践意义，努力呈现从方法走向思想的策略建构过程。

一、在动手操作中感知策略方法

苏霍姆林斯基说过："儿童的智慧在他的手指尖上。"教师引导学生动手操作实践，可以激发学生学习兴趣，使学生获取大量的感性知识，积累解决问题的具体方法经验。策略的学习也是如此，其不在于形式和结果，而在于内涵、方法和过程，让学生亲历问题解决的全过程，在动手操作的实践中感受与体会，在解决问题的过程中体验和感悟。

片段1：

师：学校"数学节"活动很多，其中的花圃图案设计大赛，同学们的作品精彩纷呈。我们一起来欣赏。（出示例题图）这两位同学设计的花圃图案怎么样，漂亮吧。那么，从数学的角度看，猜一猜，哪个面积可能大一些呢？

生1：左边的图形面积大，上下比较长。

生2：右边的图形面积大，左右比较宽。

生3：两个图形面积可能一样大。

师：那到底是什么情况呢？你有办法比较它们的大小吗？老师课前给大家都准备了这样的信封，里面就有这两个图形。请同桌两个人合作，想办法比一比，哪个图形的面积大？

（学生自主操作实践。）

师：好，谁来汇报？你的图形原来什么样？你是怎么做的？

生1：我把左边这个图形的上面半圆部分，剪下来移到了下面，就拼成了一个长方形。

生2：我是把左边这个图形的下面部分，剪下来移到了上面，也拼成了一个长方形。

生3：右边这个图形，我把它的两边半圆部分剪下旋转到上面，正好拼成了一个长方形。

生4：我把右边这个图形，沿着它的对称轴剪开，再把其中一个翻转180°，也拼成了一个长方形。

……

师：谁还有不同的方法？下面同学有问题要问吗？

（鼓励学生呈现不同的转化方法，并说一说是怎么想的，如何做的，引导学生互动、质疑、交流。）

师：同学们，还有问题吗？老师有"三问"。（出示转化前后图形）回顾刚才的探究过程，想一想，我们为什么要这样做呢？

生：原来的图形不规则，看起来有点复杂，不好比较，经过这样操作，都转化成了简单的、规则的长方形，这样，再来比较就很容易了。（板书：复杂—简单）

师：同学们，想一想，图形从这样转化成了这样，我们是怎样做的？运用了哪些方法？

生：我们用了以前学过的平移、旋转、对称轴等知识，将图形剪一剪、移一移、转一转、拼一拼。

师：同学们，再想一想，图形由这样转变为这样，什么变了？什么没有变？

生：它们形状变了，但面积没有变。

师：看来，"变"中还有着"不变"呀。

策略为问题而生，亦为问题而至。解决问题需要策略，问题解决形成策略。课例从"比较两个图形面积大小"这一问题入手，让学生面对两个不规则的图形无法比较而困惑茫然无措时，引导学生自主探索实践。通过剪、移、转、拼等动手操作活动，让学生在问题的思考与解决中，初步感知转化方法的特点与意义。策略教学就是要善于开启学生的这种"愤悱"状态，激发起学生强烈的探究实践欲望和需求。引导学生在问题解决的过程中，观察、猜测、实验，动手、动口、动脑，让具体可见的转化策略方法自然地流淌在手指尖上。进而，通过经典的"三问"（为什么、是什么、怎么样），触及策略学习的关键点，引导学生进一步感知转化策略的完整过程与特点，深入感受转化不仅仅是一个方法，更是一种问题解决的思路步骤。

二、在回顾反思中唤醒策略经验

著名数学教育家斯托里亚尔说："数学教学是数学思维活动的教学。"回顾与反思是引导学生对曾经经历的学习活动的再认识与再思考。《数学课程标准》指出：初步形成评价与反思意识是问题解决这一目标的重要组成部分。因此，策略教学要不断地组织学生对问题解决过程进行即时回顾与反思，还要有意识地引发学生对曾经的数学学习进行回顾与反思，激活学生已有的学习经验。

片段2：

师：同学们，刚才我们用了转化的方法，解决了比较面积大小的问题。回想一下，在以前的数学学习中，我们是否运用过这种方法解决类似的问题呢？

（引导学生思考，小组讨论，组织交流。）

生1：我们学习平行四边形面积的时候，是把平行四边形转化成已学过的长方形，由长方形的面积公式推导出了平行四边形的面积公式。

生2：学习三角形面积时，我们把两个完全一样的三角形拼成了一个平行四边形，根据平行四边形的面积公式得到了三角形的面积公式。

……

师：（适时课件演示并追问）我们为什么要这样做？是的，我们都是为了

把一个未知的新问题转变为学过的已知知识来解决。（板书：未知—已知）

……

师：同学们，再想一想，除了平面图形，我们在学习其他知识时，有没有运用过类似方法来解决问题？

（引导思考，组织交流。）

生1：上学期学习小数乘除法，我们都是把小数转化成整数来计算的。

生2：这学期，我们学习分数加减法时，都是把异分母分数经过通分转变成同分母分数来计算的。

师：（适时课件演示）是呀，我们都是把未知的新问题转化为熟悉的已知问题，用已经学过的知识来解决未知的新问题。

师：像这样，把复杂变为简单、未知变为已知的方法，我们数学上就叫做转化策略。（完善课题）

经验对于解决问题的策略教学，既是有效的助推剂，又是珍贵的结晶体。激活学生已有的学习经验是策略教学的必要前提，丰富与提升已有经验更是策略教学的重要目标。在数学学习过程中，学生已不断积累较为丰富的策略学习经历，转化的策略方法点点滴滴地散落在各类知识学习与问题解决的过程中。课例着力回顾与反思环节，引导学生联系旧知学习，唤醒已有的转化策略经验，让这些曾经的零碎、模糊、浅显的方法策略得到进一步的强化与提升，使其趋向清晰完整，并与获得的新经验建立起结构性联系，促进学生自身经验的再生长。从而，使具体外在的新旧经验的感性认识逐步内化为更具一般意义的策略经验，建构起策略模型，形成相应的策略意识。

三、在应用实践中发展策略意识

策略意识是指建立在"策略可以帮助解决问题，解决不同的问题需要不同的策略"等认知基础上，以"自觉应用，主动应用"为基本特征，以关注"何时用""在何种情况下用"为核心内容的一种心理特征。培养学生的策略意识是策略教学的重要目标，也是提高学生分析和解决问题能力、发展数学思维的重要抓手。策略意识的形成和发展是一个长期的过程，需要教者关注学生每一次解决问题经验的获得、积累和完善，帮助学生不断强化对策略本质的理解，促使学生逐步形成"为了更好地解决问题，就要学会主动应用策略"的心理体验。

片段3：

1. 出示学习单第1题

师：明明和冬冬呀，也设计了不同的花圃图案（见图1、图2），请问，它们的面积相等吗？请同学们在学习单的第1题上，想一想，画一画。

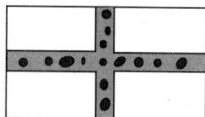　　

图1　　　　　　　　图2

（学生自主完成练习。）

师：好，谁来说一说，有不同的方法吗？

生1：我把明明的图案这样平移，就和冬冬的一样了。

生2：我是把冬冬的图案平移成和明明的一样的。

师：我们都是把其中一个人的图形，通过平移转化成和另一个人相同的图形，由此，得到两个图形的面积相等。

2. 出示学习单第2题

如图3所示，芳芳设计了这样一个花圃，打算给花圃围上栅栏，请你帮她算一算，需要多少米的栅栏？

（讨论理解题意，学生自主完成，反馈讲评。）

师：同学们，芳芳要我们解决什么问题呢？

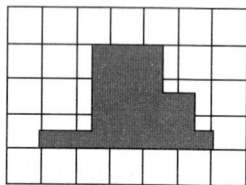

图3

生1：芳芳要求花圃栅栏的长度，实际上也就是求这个花圃的周长。

生2：可以用平移的方法，把这个不规则的花圃图形转化成一个长方形。

师：（课件演示）把不规则的图形转化成规则的长方形，转化前后，什么变了？什么没有变？

生：形状变了，但周长没有变，因此，长方形的周长就是原来不规则图形的周长。

3. 出示学习单第3题

师：还有几位同学设计的花圃图案是这样的，如图4、图5、图6所示，你能用分数表示吗？

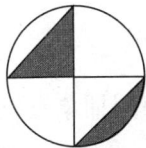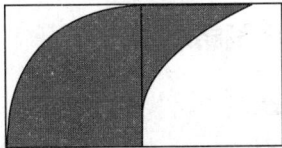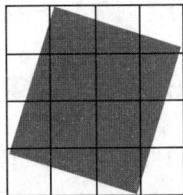

图4   图5   图6

（逐题解答，课件演示转化过程。）

生1：第一个图案，通过旋转把两个阴影部分拼在一起，刚好占整个圆的 $\frac{1}{4}$。

生2：第二个图案，通过平移把两个阴影部分拼在一起，占大长方形的 $\frac{1}{2}$。

师：同学们，第三个图案，用什么分数表示呢？先估一估，可能是多少？

生：阴影部分可能占9小格，旋转一下，放平，就好数了。

师：（课件演示转动阴影部分）好的，现在看，阴影部分占9小格多呢，猜一猜，可能是多少？那么到底占几小格呢？你有办法解决吗？

（引导学生从不同的角度来解决。）

生：（课件动画演示）我们可以把阴影部分分割成4个小三角形和1个小正方形，再进行重新组合，就可以得到阴影部分占10小格，用分数 $\frac{10}{16}$ 表示。

师：是否也可以这样想，要求阴影部分所占份数，先看看……

生：我们可以从空白部分想起，空白部分是四个三角形，拼在一起，刚好是6小格，由此可以知道阴影部分所占份数就是10小格。

师：可见，不仅解决问题的方法可以转化，解题思路也可以转化呀。

策略意识的形成需要经历应用、反思、再应用、再反思的过程；需要在应用策略解决问题的过程中，帮助学生不断加深对策略价值意义的感受，不断积累问题解决的实践经验；需要让学生经历从无意识使用变为有意识使用，再到自觉使用的过程，不断强化、熟练，从而实现应用策略自觉之境。课例精心组织设计了内容丰富、形式多样的应用练习，意在使学生于不同的情境问题解决过程中，充分感受转化策略的普遍意义与广泛应用价值，积累解决问题的实践经验。通过一个个数学问题解决的应用实践，使学生的解题经验不断增加，思维能力有效提升，策略意识逐渐丰盈。从而，也就实现了策略建构从具体单一的方法技巧走向更具一般意义与普遍性的思想方法的提升。

四、在拓展延伸中内化策略思想

解决问题的方法具体、客观、可操作，而数学思想则抽象、概括、不可见，思想较方法更加上位。解决问题的策略应该是方法与思想的有效连接，应该促进解决问题的具体方法手段升级为一般的思想方法。因此，策略教学需要突破数学问题的解决范畴，要引向更为广阔的社会生活，结合生活实例、历史故事、人文逸事等，让学生感悟策略价值的广泛性，深刻策略理解，内化策略思想，体验策略的文化魅力。

片段4：

师：同学们，刚才我们用转化的策略解决了很多数学问题。其实呀，转化的策略在我们生活中的应用也随处可见。（出示）比如，测量一张纸的厚度。

生：是的，一张纸很薄，测量有点难，但是我们可以量出100张纸的厚度，再除以100，就能得到一张纸的厚度。这就是化少为多。

师：那么，如何测量一个人的腰围呢？

生：用尺直接量腰围，不方便，我们可以用绳子绕腰围一周，再拉直绳子，量出长度。这也就是：化曲为直。

师：我国古时候也有这样的事例，"曹冲称象"的故事，大家听说过吧。谁来说一说。

生：其实，聪明的小曹冲是把大象的重量转化成了一船石头的重量，也就是化整为零，然后，通过称出石头的重量而得知大象的重量。

师：同学们，大象的重量可以称，面积也可以称，相信吗？（课件出示）请看，"巧称地图"的故事。一张地图、一杆秤，一块木板、一个脑袋，聪明的于振善"称"出了土地的面积，实际上是化面积为重量，这就是转化策略的神奇！

策略教学是引导学生感悟数学思想、内化思想方法的重要载体。课例把转化策略的应用有机延伸至社会生活，拓展到其他实践领域，能够将策略指向更为广泛的应用，使策略更具一般意义与普遍性。引导学生从数学学习的问题解决走向广阔的社会生活，分析、思考、感受转化策略在实际生活中的应用，如测量一张纸的厚度、测量一个人的腰围等生活实际问题的解决，"曹冲称象""巧木匠称地图"的历史人文故事的欣赏。这样，既丰富了学生对策略本质的理解，还悄然地把策略思想的种子播进了学生的心田，发展了数学思维，积淀了数学素养。从而，让学生更为深刻地体悟到转化是一种方法策略，更是一种面对问题解决的理性素养。

爱因斯坦说过："教育就是当一个人把在学校所学全部忘光之后剩下的东西。"这个"剩下的东西"就是核心素养。因此，我们的数学教学既要重视学生的知识学习，还要加强学生学习知识的方法引导与问题解决的能力提升，更要突出培养学生的数学意识、思维品质与面对社会生活的理性思维。这也是策略教学中，强调策略建构从方法走向思想的要义所在。

（文章发表于《江苏教育研究》2017年第5期）

情境图教学的"数学化"思考

——《乘法分配律》教学片段对比及反思

《数学课程标准》提出：从学生已有的生活经验出发，让学生亲身经历将实际问题抽象成数学模型并进行解释与应用的过程，进而使学生获得对数学理解的同时，在思维能力，情感、态度与价值观等方面得到进步和发展。《数学课程标准》教材中的情境图，以一幅幅色彩鲜艳的主题图画、生动有趣的童话故事、形象逼真的生活情境贴近学生的生活实际，能够激发学生的学习热情与探索欲望，为学生的数学学习"敲"开大门。然而，教师对教材情境图的研读程度与不同的运用，往往直接影响数学教学活动的有效性。

一位教师在教学苏教版教材四年级下册《乘法分配律》时，是这样运用情境图教学的。

案例：

（出示教材第54页情境图，师生共同观察、整理信息。）

师：商场正在开展服装促销活动。张阿姨买了5件夹克衫和5条裤子，她需要付多少元？请同学们帮助算算。

（学生独立思考，列式解答。）

师：你是怎么想的呢？把你的想法与同学交流交流。

（学生自由交流后，教师组织反馈交流。）

生：我先算5件夹克衫的钱65×5，再算5件裤子的钱45×5，然后再相加65×5+45×5，就是张阿姨要付的钱。

师：很好，有不同的解答方法吗？

生：（65+45）×5。

师：你又是怎么想的？请你说一说。

生：我把一件夹克衫与一条裤子搭配为一套衣服，那么5件夹克衫与5条裤子刚好搭配成5套衣服。我先算1套衣服的钱65+45，再算5套衣服的价钱（65+45）×5，也是张阿姨要付的钱。

师：你说的方法真有创意，那么这两种方法计算的都是张阿姨要付的钱，得数应该相等。请大家算一算，是这样吗？

（学生计算两种解法的结果。）

师：既然两道算式结果相同，那么就可以写成一个等式：（65+45）×5=65×5+45×5，像这样的等式，你还能写出一些吗？

（学生自由写类似等式，教师引导观察比较众多等式。）

师：像这些等式的规律，我们可以用这样的方式来表示：

（$a+b$）×$c=a×c+b×c$。

（师生共同揭示乘法分配律。）

此教学片段中，教师引导学生由"张阿姨买衣服要付多少钱"这样一个生活问题情境，而得出两种不同的解法。因解决的是同一问题，故两算式结果应该相等，并引导学生计算验证。继而推理出类似这样的算式都相等，从而揭示其数学规律——乘法分配律。教师对情境图这样的处理，缺少对问题情境的数学思考与理性分析。由一个特殊的生活问题情境简单地便推理到一般的数学规律，从而生硬呈现"乘法分配律"，数学建模的过程显得突兀与肤浅。学生学习活动的"数学化"过程严重缺失，数学课应有的"数学味"也未能体现。

思考：

一个情境图的恰当运用，不仅仅是一块"敲门砖"，更重要的是为数学教学的进一步展开发挥一定的导向作用。正如郑毓信教授所言：情境设置仅是"数学化"这样一种整体性思维方式中的一个环节。如何给予问题情境数学理性思考？"去情境化、去个性化、去时间化"，正是情境图教学的"数学化"过程，由现实生活的原型抽象出数学模型，实现"日常数学"到"学校数学"的升华，使数学教学富有"生活味"的同时更具"数学味"。基于此，对上述教学内容可做这样的处理。

对比案例：

出示情境图，师生共同观察、整理信息。

师：张阿姨要付多少元钱？请列式解答，并与同学交流你的想法。

（组织反馈交流）

……

师：解答同一个问题，大家想出了两种不同的方法，那么这两道算式得数应该是相等的，对吧？

（学生计算验证。）

师：那么这两道算式如果不是解答"张阿姨要付多少元"这一问题的，它们还会相等吗？类似这样的其他算式相等吗？

（引导学生猜想、列举、计算、验证。）

师：通过计算，我们发现像这样的两道算式结果都是相等的。那么再写出一些这样的两道算式，我们是否只有通过计算才知道结果是否相等，有没有其他方法呢？

（学生独立思考，讨论交流。）

生：65×5表示65个5，45×5表示45个5，那么$65 \times 5 + 45 \times 5$表示65个5加45个5也就是（65+45）个5，即（65+45）$\times 5$。

师：对呀，从乘法的意义上看，我们就可以确定像这样的两道算式一定相等。那么类似这些算式的等式，又有什么规律呢？

（引导学生比较列举出的众多等式。）

师：这样的规律，我们怎么表示呢？

（引导学生自由运用语言文字或图画符号等方式表示。）

师：我们也可以这样表示：$(a+b) \times c = a \times c + b \times c$。请大家比较一下，这种表示法有何好处？

（引导学生认识这种表示法的严谨、简练，继而揭示乘法分配律。）

教学片段这样的处理，呈现出了对教材情境图运用的一个"数学化"过程。学生在教师一个又一个的问题中，始终处于积极的数学思考状态，环环相扣，层层递进。教学活动也很自然顺畅地从生活问题情境上升为数学的理性分析——"去情境化"，由特殊情况到一般规律的不完全归纳思想方法的积极主动探索也"顺流"而下，数学模型自然得以建构。继而，讨论发现规律的表示方式，充分倡导"多样化"的同时，仍然提出对表示方式的"优化"，实现了"日常数学"向"学校数学"的提升。同时，教师还积极引导学生感受这种方式的优越性，教学活动的"数学味"显得更为浓厚。

周玉仁教授曾言：生活问题情境的教学，能够帮助理解数学知识的学习，但不能完全替代纯数学的思考。情境图是《数学课程标准》教材的一大特色亮点，融入了数学学习的生活气息，能够很好地激发学生的学习兴趣，是走进数学教学的一块"敲门砖"。但更重要的是，需要教师对其进行"数学化"的研读与处理，否则数学学习便会流于最低层次，数学课堂也将索然无"味"。

（文章发表于《江苏教育研究》2010年第8期）

创造性实现"再创造"

——《认识小数》教学新思考

荷兰数学家弗赖登塔尔认为：数学实质上是人们常识的系统化，每个学生都可能在一定的指导下，通过自己的实践来获得这些知识，亦即"再创造"。因此，我们必须遵循这样的原则，以"再创造"的方式来进行数学教学，引导学生进行数学"再创造"。实践证明，我在教学"认识小数"时，通过此方式获得较好的教学效果，并触发了教学法的比较思辨。

一、必须这样教吗

苏教版教材三年级下册第7单元安排了"认识分数"后，紧接着，第8单元安排了"认识小数"的内容，意即通过分数中的十分之几的分数来引入认识一位小数，符合从"一般到特殊"的认知规律。然而，似乎更凸显了小数的教学必须基于分数教学的意图。

往常，我们都是这样教：带着学生从度量物体长度的情境导入，继而引发单位由低级向高级化聚，联系旧知如5分米是 $\frac{5}{10}$ 米，然后，以直接告知的方式—— $\frac{5}{10}$ 米还可以写成0.5米揭示课题，再指导教学小数的读写方法，通过元角分加强小数意义的练习，并进一步认识小数的组成。

这样的教学显得自然流畅，切实有效，可又常常觉得过于四平八稳，缺少新趣，缺失认知的内需与数学思维的挑战，似乎也更少了数学的"再创造"。由此，引发了我的诸多疑惑：为什么十分之几的分数可以用小数表示？小数为什么是这个样子的？学生的心里或许会生发出如此种种的疑惑：小数的教学必须依赖于分数的理解吗？小数是否有自己的概念系统或价值体系？我们是否都必须这样教呢？

无意中，读到张奠宙教授关于"小数的本质"的一篇文章，他指出："小数有自己的概念系统，独立的价值体系。在日常生活中，小数远比分数有用。"小数的本质在于"位置计数法"的拓展，而不在于"十分之几"的表述。如此观点，激发了我进一步探究的兴致。经过搜索查询，我发现，中国商代已经有十进制的度量衡制度，亦即小数，而分数的记载则出现于春秋时期。中国古代数学十分重视数值计算及其算法，特别崇尚小数。由此，我们可以直接从数位顺序表入手，引导学生大胆猜想：个位右边的数位是什么？会怎样？以此激发学生的数学"再创造"。尝试着从小数的本质切入，借用十进分数理解小数的意义，仍然不失为"认识小数"教学的新思考与新突破。

二、是否可以这样教？

基于这些思考，便有了我的一次"不走寻常路"的教学实践——课一开始，我直接从"老师早上买菜花去了33元钱"的情境中，摘取板书"33"，让学生读一读、说一说这两个"3"有何不同？分别表示什么？（3个1和3个10）从而引出十进制计数法知识，进一步向左推论，让学生感受，数位越来越高，数必会越来越大。这时我方向一转，提出向右会怎样呢？个位右边一位是什么位呢？引导学生大胆猜想，激发学生认知的"再创造"。

生1：数位向右，会越来越小。

师：有道理，大家认为呢？

生2：个位右边是"负位"吧。

师：为什么呢？你是怎么想的？

学生说不出来，但有股强烈的感觉：数位向右，位值会不断缩小，大概就是"传说"中的负位吧。可见，学生单纯的认知里，"负"就是"小"的意思。

这里，我未多理会，故意设了个"疑"，然后在这位上也写上了个"3"，提出：这个"3"又表示什么呢？这个数，又该如何读呢？学生渐入思维佳境，有感觉，却又说不出：这位上的"3"要比个位上的3小，是否也是10倍的关系呢；应该不能读作三百三十三，这明显是错误的，那么怎么读呢？三十三什么三，自然地激起了学生"分隔"的内需。这时，不少学生说出了"三十三点三"，这样的数生活中十分常见，他们并不陌生。趁机之下，我示范用圆点做分隔，规范小数点的写法，并引导学生大胆尝试读数：三十三点三。又在后面加了个"3"，变成33.33，让学生试读，意料之中，有学生读成：三十三点三十三。我未置可否，只是引发思考：小数点左边33和小数点右边33一样吗？是一样的读法吗？让学生感悟，区分读法。这时，自然就有部分学生说出了正确的读法，追问来源，或来自书籍，或听他人说过。

课到此时，学生已"再创造"出了小数，基本认识了小数，知道了读法与写法，并经历了小数的产生发展过程。进而，引导学生自主阅读教材89页的"你知道吗"，感受小数的发明与演变历程，体会古代数学家的智慧，并提出新疑（"十进分数"是什么？与小数有何关系），进一步认识小数的意义。随机在黑板上写下"0.5"，引导学生感受其大小。继而，引出早就认识的数轴，让学生在上面找"0.5"的点，进而，我再提出点"0.2"在哪儿？引发学生在0和0.5之间找，为准确起见，需要把这部分平均分成5份，其中第2份点就是"0.2"，接着我又提出"0.7"会在哪？引导学生把0.5和1之间的部分也平均分成5份，找到相应的"0.7"点。这时，引导学生观察，0至1这部分，实际上，我们平均分成了10份，两份点是"0.2"，5份点是"0.5"，7份点就是"0.7"，引发学生联系前面第7单元刚学不久的分数，也就是 $\frac{2}{10}$，$\frac{5}{10}$，$\frac{7}{10}$，通过数轴上对应的点，让学生对应地明白0.2=$\frac{2}{10}$，0.5=$\frac{5}{10}$，0.7=$\frac{7}{10}$，感悟到小数和分母是10的分数有关系，让学生初步体验"十进分数"之义，感悟到小数也是十进位值计数制的，0.2与2也是10倍关系。这时，我趁机解决课始问题：因此，数学上就把个位右边一位叫做"十分位"。

然后，根据课堂时间情况，设置一些情境练习，如让学生自由写有现实价值意义的小数。最后，引导学生观察黑板上的小数与自己写在练习本上的小数有什么特征，进一步认识小数的各部分组成，并适度延伸：今天我们认识的都是一位小数，还可以是两位、三位，甚至更多位，那又表示什么意思呢？又是什么数位呢？为以后的进一步学习小数埋下伏笔，从而自然地结束新课。

三、哪种教法更受学生欢迎呢

对于这样两种不同思路的教法，究竟孰优孰劣？第一种教法突出了基于分数的小数教学，以"告诉"的方式让学生认识小数；第二种教法则关注小数的本质，利用整数的位置计数方式，引导学生"再创造"而认识小数，进而联系分数理解小数的意义。哪种教法更受学生欢迎，更接近学生的认知实际，引发了我更加深入的思考与探究。

德国数学家、直觉派代表人物克罗内克尔曾说过：上帝创造了自然数，其他的数都是人造的玩意儿。确实，数物体的"个数"似乎是人的一种本能，是一种自然的事情。除了自然数以外，学生更认可"小数"是个"数"，因为从数的意义上看，小数与自然数的血缘关系更"亲近"：都是十进位制。学生对于自然数、小数，有着丰富的生活经验，而分数则少见。现实生活中的"数"与"量"都用自然数或小数表示，而不用分数表示大小。通过调查，在学生的心目中，好像还不认为分数是个"数"。因此，在学生的认知中，往往是小数在先，大量的生活经验丰富了学生的亲密接触感知，甚至"读写"小数也能应对自如，有着良好的认知基础；而对于分数，则知之甚少，大多的认知都来自后天的书本学习。由此可见，认识小数由自然数的"位值"切入更为自然，更切合学生的认知起点，更能激发学生的"再创造"内需。

确实，对于小数与分数，教材的呈现是先学习分数，再认识小数。小数是一种特殊的分数。因此，先学习分数，再认识其特殊情形——小数，从一般到特殊，似乎在情理之中，有其逻辑次序道理。然而教学中，我们是否也可以从特殊推理到一般，从学生熟知的位值角度引导推想"再创造"出小数，然后再联系分数的知识，进一步理解小数的意义。这样，既突出了知识之间的联系，又彰显了小数独立的价值体系，更重要的是让学生体悟了数学的"再创造"之趣。学生通过自己的思考实践活动学会了数学知识，对于知识的必要性与作用都会有更深的体会。

弗赖登塔尔认为："再创造"原则的提出就是为了更好地反映出教育过程必须通过教师与学生双方的积极参与才能解决问题，尤其是更体现了"学生是学习的主体"这一思想，让受教育者——学生的活动更为主动、有效，以便真正积极地投入到教育这个活动中去。后者教法的教学实践，通过课后的交流，学生普遍认为小数更像"数"，小数原来是这样子的，是这么来的，感觉有寻"根"之乐，学习状态积极兴奋；当然，从课堂的气氛、教学的效益，也验证了后者教法的优越性所在，"再创造"教学方式能够充分激起学生的学习兴趣，触发其学习动力，学生是带着兴趣与思考学习认识了小数的，自然乐在其中，趣味盎然。

由此，从学生的认知基础、小数的本质价值以及教学方式与成效等方面，可以见得，后者教法更切合学生的认知实际，更受学生欢迎，也更加符合"再创造"方式的数学教学法原则。

（文章发表于《小学教学参考》2016年第4期）

第二篇

教学策略

　　基于问题导向的八篇文章，组成了本篇章。作者着重在数学阅读、数学思维和数学思想方法等方面，对小学数学教学中的突出问题做了较为深入的探索与研究，提出了简洁实用可操作的策略措施，并形成了成功的教学范式，具有较高的学习借鉴价值。

计算教学有效策略的探析

  计算教学在小学数学教学中占据十分重要的地位，是数学学习的基础。然而，在教学实践中，学生计算错误频出，制约着学生对数学学习兴趣的激发，如何有效地解决这个问题，也一直困扰着我们。学生是课堂上学习的主体，是学习的主人，所以我们很有必要从"学生"这方面来进行探析，究其原因，寻找其教学的有效策略。

  对于学生在计算中出现的错误，我们常常归因于学生"粗心"、态度不认真等。其实"粗心"是由学生心理方面的原因，大多是由学生感知、注意、思维、记忆、情感等因素造成的。

  感知不正确——由于计算本身没有情节并且外显形式简单，这样容易造成小学生感知粗略、笼统、不够具体，再加上学生在看题、读题、审题、演算等过程中又急于求成，因而所感知的表象是模糊的，致使把计算题中的数字、符号抄错。例如，把"+"误看作"−"、把"56"写成"65"、把236×103抄成236×13、抄写上一行串到下一行等。

  注意力不集中——小学生在注意的广度、稳定性上发展都很不完善。他们在观察试题中抽象的数字、运算符号时往往只注意到一些孤立的现象，不能看到它们之间的联系，对事物的观察缺乏整体性，往往会顾此失彼、丢三落四，造成计算错误。例如，四则混合运算忘记将暂不参加运算的部分抄下来，漏一部分计算，导致计算错误。

  短时记忆出错——无论是口算、笔算或估算都需要良好的短时记忆做保证。一些学生由于短时记忆力发展较差，直接造成计算错误。例如，退位减法，前面刚退1，后面又忘了减1。同理，在做进位加法时，忘了进位。忘加或漏减的错误较多。

强信息干扰——例如，$125 \times 8 = 1000$是一个强信息，当学生计算$125 \times 8 \div 125 \times 8$时，部分学生会不假思索地算成$1000 \div 1000 = 1$。很显然，"凑整"因素对学生产生了强烈刺激，使他们在计算时忽略了运算顺序及法则，导致计算出错。

思维定式影响——思维定式既有积极作用，也有消极作用。思维定式的积极作用促进知识的迁移，消极作用则干扰新知识的学习。学生在计算的过程中很容易受思维定式的消极作用的影响，导致计算错误。例如，$600 \div (20+30) = 600 \div 20 + 600 \div 30$，这就是受乘法分配律的负面影响，出现了运算顺序的错误。

情感状态不稳定——学生在计算时，总希望能很快得到结果。因此，当遇到计算题里的数据较大或算式显得繁杂时会产生排斥心理，表现为缺乏耐心和信心，不能认真审题，没有耐心选择合理算法，从而导致错误。

另外，受非智力因素影响，学生态度不够端正，对计算缺乏兴趣，不重视计算；学生学习习惯不良，计算时书写马虎，字迹潦草，也会造成计算频频出错。

针对上述原因分析，笔者通过多年的教学实践与研究，探索形成了计算教学的一些有效策略。

一、加强口算训练，夯实计算基础

口算是计算能力的重要组成部分。笔算是在准确、熟练的口算能力的基础上发展起来的，没有一定的口算基础，笔算就成了无源之水。因此，口算练习要做到天天练，20以内加减法和表内乘法及相应的除法等基本口算是所有计算的基础，要求学生做到正确熟练、脱口而出。要提高学生的口算能力，使学生形成一定的口算技能，关键是要持之以恒，坚持训练，每天坚持3~5分钟形式多样的口算训练，尤其要加强"听算"练习。通过坚持不懈的口算训练，使学生形成熟练的口算技能，达到计算正确、迅速、灵活的目的。

二、重视算理教学，注重策略优化

要让学生会算，首先必须让学生明确怎样算、为什么这样算，也就是加强法则及算理的教学。重视算理，驭理入法，方能使学生知其然而又知其所以然，计算能力的提高也就有了切实的保证。例如，我们在教学9+6时，学生想到了很多办法，像9+6=9+1+5，9+6=6+4+5，9+6=10+6-1……对此，我们不能停留在算法多样上，而要引导学生发现这些算法相通的地方，都是通过凑10来达到口算的目的。这种"凑十法"的口算策略同样适用于后续学习8加几、7加几的进位加法，因而这种策略的优化潜在价值巨大。

三、精心设计练习，突出题组训练

计算教学在练习的设计上一定要遵循由易到难、由简到繁、由基本到变式的发展顺序。通过练习题组的逐步递进训练，让不同层次的学生能够"跳一跳，就能摘到果子"，借助练习的多形式、多角度，使大家都能体验到成功解题的快乐，进而以更饱满的热情参与到学习活动中去。练习设计要基本口算天天练，突出方法重点练，容易混淆的对比练。例如，24×5和25×4，$80 \times 5 \div 80 \times 5=1$，$600 \div 25 \times 4=6$等经常出错的反复练。

四、巧用知识迁移，适当拓展延伸

在新课教学时，我们要善于挖掘新旧知识间的联系，创设知识迁移情境，沟通新旧知识的内在联系。例如，由百以内加减竖式计算法则，迁移到后面学习万以内加减计算；由两位数乘两位数乘法计算法则，迁移到后面学习三位数乘两位数的计算。对于负迁移的干扰，要培养学生养成良好的审题习惯，切勿拿到题就"埋头苦干"，引导学生将新旧知识进行比较、分析、综合，将新旧知识有机地联系起来，建立良好的认知结构。

五、强化验算意识，着眼习惯养成

教师要培养学生养成良好的计算习惯、审题习惯、简算意识、验算习惯。计算题要做到"四查"：一查数字是否抄对，二查符号是否准确，三查顺序是否正确，四查结果是否写上。良好学习习惯的养成非一日之功，需要我们持之以恒地付诸努力。

计算能力是学生的一项基本数学能力。在计算教学实践中，我们需要不断探索与实践，要认真分析学生计算错误的成因，积极采取措施加以预防和纠正，以形成有效的教学策略，从根本上提升学生的计算技能与素养。

参考文献

［1］邹志红.小学数学计算教学的有效策略［J］.海峡教育研究，2012（1）.

［2］曾海燕.提高计算教学有效的策略研究［J］.中小学数学（小学版），2012（4）：8-9.

（文章发表于《新课程学习》2014年第9期）

运用"错误资源"发展学生高阶思维

德国哲学家黑格尔说："错误本身乃是达到真理的一个必然的环节。"的确，正确有可能只是一种模仿，而错误却是一种"创造性"的经历，尽管这个经历让学生"误入歧途"。小学数学教学的理性定位应当是"对未知旅程的探险"。它既然是一种探险，必定伴随着错误。正是在这个意义上，教育学者成尚荣先生说："教室，出错的地方。"著名特级教师华应龙先生说："课堂因差错而精彩。"对于错误，教师不能消极以待，而应积极引导学生"识错""思错""纠错"，将"错误"作为一种课程资源，运用学生的错误，发展学生的高阶思维。

一、把脉错误根源，添加"反思因子"

错误是学生数学学习中客观存在的现象。对于错误，教师既不能视为洪水猛兽，惧怕错误，也不能听之任之，漠视错误，对错误草草了事。在教学中，教师要引导学生分析错误、反思错误，避免学生"一错再错"。只有师生正视错误、运用错误，错误才能成为一种有效的教学资源。在数学教学中，学生是反思错误的主体。从某种意义上说，学生的学习就是对错误的不断反思，这是一个自我否定的过程。正如美国著名教育家杜威先生所指出的："真正思考的人从自己的错误中汲取的知识，比从自己成就中汲取的知识更多，错误与探索相联姻、相交合，才能孕育出真理。"

例如，教学《乘法》，学生遇到了这样的一道拓展题：锯一段木头，每锯一段需要3分钟，锯5段一共需要多少分钟？学生不假思索地回答15分钟。对此，笔者追问学生"真是15分钟吗"，引发学生深度反思。有的学生认为，既然是拓展题，没这么简单；有的学生认为，可以展开模拟操作。于是，有学生拿出自己的铅笔作为木头，两只手指作为锯子，模拟"锯木头"；有的学生拿出草稿纸，画出线段图，主动用"段""次"解决；还有学生撕出一张小纸条，快速将小纸条撕成5段，发现撕了4次等等。通过操作、探究，学生发现锯木头锯5段只锯了4次，因此一共需要12分钟。为了让学生从错误中汲取经验，教师引导学生添加反思因子：在日常生活中，还有哪些现象也是"锯木头"现象？一石激起千层浪，学生展开了热烈的交流。有的学生说道："爬一层楼梯需要5秒钟，爬到5楼需要多长时间？"有的学生说道："摆钟敲一下需要2秒钟，敲10下需要几秒钟？"有的学生说道："公交车每15分钟发一次车，发5辆车需要多长时间？"等等。可见，"间隔问题"的本质已经浸润学生的心灵深处。在这里，错误仿佛是一根"金拐杖"，为学生的深度探究与思考指明了方向。

学生在数学学习中直面自己的错误，对自己的错误分门别类，主动归档，能够充分发挥错误的资源效能。在教学中，教师要善于捕捉学生的错误，暴露出学生的错误，引导学生经营自己的错误，让学生找错、辨错、改错。如此，学生就能将错误消灭于萌芽状态，课堂就会因差错而精彩。

二、触摸感性错误，注入"理性因子"

小学生的思维主要是感性思维，感性思维往往能够诱发学生的数学猜想，触发学生的灵感。与此同时，感性思维由于其模糊性也容易发生错误。在教学中，教师要引导学生触摸感性错误，为感性错误增加理性因子，让学生的感性猜想与逻辑的、分析的、线性的理性思维相互融通，从而引导学生健康用脑、和谐用脑、友善用脑。在数学学习中，教师要允许学生犯错，呵护学生的错误。正如心理学家盖耶所说的："科学就是学习尝试错误并在受到挫折时，不断奋进的过程。谁不尝试错误，不允许学生犯错，谁就将错过最富有成效的学习时刻。"

例如，教学《运算律》，学生对于这样的习题——"53+47-53+47"普遍认为等于0。显然，学生受到了"简便要求"和"运算律"的强刺激，只关注了简便运算律的形式，没有关注简便运算的条件、内容，出现了思维短视性错误。基于此，笔者让学生按照运算顺序进行计算，学生自主纠错，找出了错误根源。学生认为，在53和47的两边没有括号，他们误认为有括号了。显然，学生对错误的分析不够深刻。为此，笔者引导学生触摸感性错误，为错误注入理性因子，引导学生再一次交流加法交换律、加法结合律的运算条件、运算内容。经过师生的深入交流，学生理解了加法交换律交换的时候要连同前面的运算符号，加法结合律只有在连加的时候才能运用，在运用"运算律"的时候不能感情用事，而应从多个角度来进行分析，不能看到形似的算式就直接套用。当教师为学生的感性错误注入理性因子后，学生的思维更缜密了，解决问题不再急躁了，而是能多元分析，考虑也更全面了。

学生的错误有认知性错误和非认知性错误。学生的感性错误更多的属于认知性错误，如对科学知识的朴素的、零散的、非标准化的认知，对概念的理解偏差、歪曲，对解决某一类问题的思维定式，等等。为学生的感性认知注入理性因子，能够拓宽学生的思维广度，增强学生思维的深度和灵活性，有效地培养学生的数学理性思维。

三、探寻思维缺口，催发"生成因子"

学生普遍性的错误容易理解，学生个体性、独特性的错误更需要教师能够探寻错误根源，找准学生的思维缺口，结合学生的思维状态进行因势利导。赞科夫认为，当学生在求知的地方和教材出现分歧时，就是思维引导的良好时机。在教学中，当学生出现思维卡壳、思维与新知脱节、思维失稳时，教师必须及时介入，对学生的数学探究进行适度干预和引导，让学生能够主动解决问题。教师寻找学生错误的拐角，能够让课堂生成别样的精彩。

例如，教学《长方形的周长》时，学生遇到了这样的问题："一块长方形菜地，长5米，宽3米。四周围上篱笆，篱笆长多少米？"绝大部分学生都能运用常规思维加以正确解决。但班上有一位学生，却是这样解决的：5+3×2。学生纷纷认为其忘记了写括号，但这位同学却陈述了理由。原来，他由于和奶奶在一起，曾经帮助奶奶靠墙围过篱笆，因此他认为可以利用墙壁围篱笆，这样节省材料。对于这位同学的回答，教师首先和他解释，数学里围篱笆因为没有特殊要求，所以视同一般的围篱笆。这里的意图在于让你求出长方形的周长。在找寻到这位同学的思维缺口后，教师引导学生思考：如果围菜地，只围3面，可以怎样围？学生的思维被激活了，有的学生认为可以将长边靠墙，有的学生认为可以将短边靠墙。据此，学生形成了两个不同的算式：5+3×2或3+5×2。对于这样的两道算式，学生纷纷认为"5+3×2"也就是那位同学的列式方法，更省材料。案例中由于教师抓住了学生错误中的闪光点，将学生的歧错向外拓展，有效利用，拓宽了学生的创造性思维，促进了学生的数学素养的提升与发展。

著名教育家卡尔·威特认为，教育的秘诀之一就是宽容地、理性地看待学生的一切，包括"错误"。对于学生的学习错误，教师要找准其思维缺口，找准错因、病因，才能"对症下药""药到病除"。有时候，错误只是学生认知的暂时失衡，只是学生认知冲突的外化。正因为如此，错误常常能够成为学生思维发展的深层动因。教师要不断地打破学生现有的认知结构，不断促进学生的认知调整，促进学生的认知结构不断完善和发展。

四、引领动态思维，形成"辩证因子"

学生静态的、机械的数学认知往往是死的、没有生命力的。只有让学生对错误进行正反对比，引导学生动态思维，让学生自主识错、自主纠错，学生才能从外界汲取新信息，学生的认知结构才能主动更新，才能处于灵活、开放、联系的状态。在教学中，教师要鼓励学生别出心裁、敢于创新，鼓励学生多角度、全方位审视"错误"，让学生突破原有条件、突破锁定的问题框框，引导学生辩驳易错点、思辨易混点，培养学生的发散性、辩证性思维。

例如，一位教师执教《平行四边形的面积计算》时，首先让学生猜想：平行四边形的面积应该怎样计算？学生因为受"平行四边形框架可以演变成长方形"的影响，纷纷认为"平行四边形的面积等于底乘斜边"。对此，教师拿来了平行四边形框架，让学生拉压。当一位学生将长方形压成扁扁的平行四边形后，学生恍然大悟，平行四边形的面积接近0，所以不可能是底乘斜边。通过操作，引发学生对自我错误的觉醒。这时，教师用问题引导学生深度思考：在平行四边形拉成长方形、长方形压成平行四边形的过程中，什么发生了变化？什么没有发生变化？在"变"与"不变"中引导学生展开辩证思维。有的学生说，底和斜边没有变化，周长没有变化，所以平行四边形的周长与底和斜边相关；有的学生说，高和面积发生了变化，所以高和面积相关。接着，教师让学生针对自己的合情推理展开论证，学生用"剪移拼"得出了平行四边形的面积。

面对学生的"集体性错误"，教师不打断、不责罚，而是用一个"小小的框架"让学生动态演示，在"极限展示"（面积接近0的平行四边形）中学生恍然大悟。通过"变与不变"的辩证启发，让学生提出合理猜想，最后引导学生操作验证。学生突破了原有的固化思维、错误迷思，找到了正确的问题解决路径，错误的资源被充分运用。

南京大学数学教育学者郑毓信先生说："纠正学生的错误，单纯依靠正面示范和反复练习是不能奏效的，最正确的做法就是要让学生经历一个自我否定的过程，通过自我纠错和自我领悟，完成对错误的超越。"错误是一种宝贵的教学资源，正视学生的学习错误、分析学生的错误原因、利用学生的错误资源，以错误资源化为切入点，就能充分发展学生的高阶思维，积淀数学素养。

参考文献

［1］周馨芸，郑丹丹.小学数学课堂教学中"错误"资源的有效利用研究［J］.数学大世界（下月刊），2017（1）.

［2］郭华.巧用错误生成资源 提高课堂教学实效［J］.教育教学论坛，2014（11）：283-284.

［3］陈艳.加强干预，让错误成为有效资源［J］.小学教学参考（数学版），2015（29）：92.

（文章发表于《数学教学通讯》2018年第2期）

空间概念：小学图形教学的最终归属

在教学"图形和几何"内容时，学生依然存在着深度思维缺位的现象。学生没有深入思考、探究、揣测的过程，对事物的感知也失去了"实物—表象—抽象"的过程，对空间概念的培养毫无裨益。如何才能在几何教学中提升学生的空间概念呢？

一、呈现多样资源，丰富认知背景

1. 借助生活积累认知图形

学生生活的世界就是各种模型的组合，对教材中的各种图形，学生已经有了一定的认知基础。所以，在引领学生认知图形时就要充分运用学生生活中形成的图形积淀，促进学生整体空间认知的提升。

例如，在教学《认识射线》时，很多学生常常将其与线段、直线混淆。教师则引导学生回忆现实夜晚中一束光线射向天际的情景。学生认为，光线一端停驻于地面，而其另一端无限伸向漆黑的天际。此时，教师顺势提出射线的概念，形象而直观地将射线的模型特征和性质揭示出来。

这样的典型素材在学生意识中起到了唤醒、想象和举一反三的作用，有效地提高了学生的认知能力，并为之后的图形学习建构了广阔的认知背景。

2. 借助图式变换促进表象形成

标准图形有助于激活学生的实际认知经验，减少认知差异，但从概念守恒的角度出发，课堂教学应注重图形的变式，才能在变化对比中让学生明晰图形的核心和本质的元素要点，以及哪些是非核心本质，进而促进学生对图形认知的进一步明确。

例如，在教学《认识梯形》时，学生已经对作为范例的梯形有了基本特征的把握。认识了"这一个"梯形，学生就真正掌握了梯形的概念了吗？于是，教师通过变化提醒的位置、形状、大小，并在其中穿插一些非梯形图形，让学生进行比较辨识。

学生在确认梯形的过程中，通过不断地丰富、感知梯形属性，强化了对梯形本质属性的概念认知；而剔除非梯形则是对梯形认知的有效辨析，从而进一步领悟本质，建立属于梯形独有的表象特征。

二、践行多彩操作，强化感性认知

1. 对比观照，激发空间概念

在学生认知积累的图形逐渐增多时，教师可以引领学生对各种图形概念属性进行深入、有效的对比，让学生在对比中辨析，在辨析中明确。而在具体教学中，教师可以创设相应的实践活动，让学生在身体力行中深切感受。

例如，在教学完长方形（体）的周长、面积和体积时，教师要求学生测量周长、摆摆面积、堆堆体积。学生在实践操作中发现：测量长方形周长时，做到两点对齐便可以通过多次操作获取数据；在摆弄单位面积的小块组成面积时，就要做到中间不留缝隙，主要在于两边要对齐；而在堆积长方体体积时，则要力争三条边对齐。

有了这样的活动参与，学生则在操作实践中不断强化概念，在对比辨析中强化了一维、二维、三维的图形感知体系。

2. 维度更迭，触发空间想象

空间概念是学生以自身的认知主动而自觉地对二维空间和三维空间进行揣摩与想象的策略，是对生活中图形空间与教材里图形空间密切关联的把握。要想让学生真正把握相应物体的空间的概念，就要熟练而准确地将这些实物所对应的平面认知、立体认知及其展开图形进行转换，这不仅需要学生的实践操作，更是对学生空间想象能力的有效训练。

例如，引导学生思考将圆锥进行投影会看到怎样的图形（圆和三角形便会呈现）；接着可以继续引导：如果将圆锥从顶点向下切入，其纵切面又会是怎样的图形；甚至还可以引导学生想象如果围绕一个长方形的一条边旋转，其轨迹就会形成相应的圆柱……

凡此种种，学生在不能亲眼所见的情况下，对可能出现的图形变化进行揣摩想象，对学生的图形认知能力和空间想象意识都是绝佳的锻炼。

三、创建问题情境，深刻数学思考

1. 在精心提问中强化数学认知

在教学几何图形时，教师可以结合相应的教学内容为学生营造适合、贴切、可感的问题情境，强化学生在现实情境中感知图形的空间位置和属性，并在运用相应公式的过程中通过巩固练习促进其技能的形成，从而进一步发展学生的思维认知，提升数学思考能力。

例如，在学习圆柱的表面积和体积相关的内容后，教师设计了这样一道题目：圆柱体的高和底面的周长相同，在高度减少1厘米的情况下，他的表面积就会相应的减少12.56平方厘米，试求这个圆柱的体积。

在解决这个问题时，学生仅仅凭借空间的概念认知还是不够的，还要能借助更高水平的想象能力，并在解题的过程中通过想象推理将各个要素都整合起来，这样才能在观念的不断认知中促进学生的综合发展，提升学生的数学思维品质。

2. 在数形结合中丰富解题技能

小学数学教学中，对所学的几何图形无论是对大小的研究，还是对形状的考量，包括对其位置的认知，都需要定性的描述，更需要严谨的刻画。尤其是求算面积或者体积的过程中，教师要引领学生积极尝试运用图形来描述问题，感知数学思想方法，促进学生深刻的数学思考。

例如，一个圆柱有8厘米高，将它的圆形底面切割之后，表面积比原来的增加了64平方厘米，之前的圆柱体表面积是多少？在解答这个题目时，很多学生由于缺少了必要的条件会显得捉襟见肘，但如果引导学生回忆圆柱体体积公式推导时的割补过程，就会发现之后的表面积增加了左右两个长方形，这样的问题也就会迎刃而解了。

总而言之，小学阶段的几何图形教学应该在把握内容特征、考量学生实际的基础上，充分引导学生通过实践操作、比较分析、想象思辨，建构空间概念，提升学生的图形认知能力，积淀"图形与几何"的数学素养。

（文章发表于《教书育人》2015年第10期）

从碎片思维向系统思维蜕变

——小学生系统思维培养策略探微

古希腊哲学家柏拉图说过："思维是灵魂的自我谈话。"最具思维价值的课程当属数学，数学作为一门研究数量关系和空间形式的科学，极具抽象性和精确性，对训练学生思维能力发挥着重要作用。数学教学就是数学思维活动的教学。小学生的思维具有碎片式特征，缺少系统性，他们在思考问题时往往比较零碎片面，不能全面把握事物的深刻本质，容易管中窥豹、以偏概全。

系统思维是一种以系统论为基础的思维模式，它把认识对象的各种特征、结构、功能等方面进行统整，是综合认识对象的一种思维方法。系统思维具有整体性、结构性、综合性等特征，是一种高级的思维模式。因此，在数学教学中要提高定位，把思维训练的目标指向系统思维，引导学生学会整体审视、系统思考，避免学生思维的碎片化、低效性，提高学生思维的逻辑性、完整性。笔者在小学数学教学实践中，积极优化策略，着力学生系统思维的培养，努力促使学生实现从碎片思维到系统思维的蜕变。

一、统整构思教学，目标设计系统性

教师是学生的引路人，是学生学习的引领者，有怎样的教师就有怎样的学生，教师的思想言行、思维方式等容易对学生产生潜移默化的影响。因而，要培养学生的系统思维，教师首先要有系统思维的意识习惯。

正如尼采所说："人需要一个目标，人宁可追求虚无，也不能无所追求。"目标是行动的指南，无论生活、学习还是工作，都需要目标，人如果没有目标，就失去了追求的动力，行动也就会偏离方向。数学教学同样需要目标，教学目标是教学活动实施的方向和预期达成的结果，有了目标，教学就有了依据和归宿，学生就有了努力的方向。教学目标包括学科课程目标、课堂教学目标和教育成才目标三个层次，这里着重剖析小学数学课堂教学目标的设计。在设计课堂教学目标时要关注该知识点在整个知识领域中所处的地位，要考虑该课时内容在整个单元中的前后知识联系。为了学生的全面发展，课堂教学目标不能单一，而要实现系统、全面、适当，目标不能过高也不能过低，每一节数学课的教学目标都要体现三个维度，即知识与技能，过程与方法，情感、态度与价值观。在设计教学目标时，既要涉及教师的教学活动目标，又要包含学生的学习活动目标。例如，在教学《三角形的三边关系》一课时，设计的教学目标如下：知道三角形任意两边之和大于第三边，学会判断组成一个三角形的三边长度；引导学生自主动手探索，使学生在动手操作、观察、比较中发现规律、得出结论，发展学生的思维能力和空间观念，增强学生学习的兴趣和积极性。总之，课堂教学要顶层设计，整体构思，系统设计教学目标。

二、有序观察思考，避免思维片面化

俗话说："眼睛是心灵的窗户。"观察是思维的窗口，伽利略说过："一切推理都从观察中得来。"观察之于思维的重要性不言而喻，要培养学生的思维能力，必须从观察入手。不善于观察是造成学生思维碎片化的主要原因，许多学生在观察中往往只对认识对象的某个显著的细节感兴趣，常常是"捡了芝麻丢了西瓜"，导致"一叶障目不见泰山"。观察的局部性导致了思维的局限性。为了防止学生以偏概全的思维习惯认识，在教学时教师要引导学生科学观察思考，以学会全面观察、整体思考。

有序观察可以避免学生片面思维，也不会让学生形成"窥一斑而概全貌"的局部认识意识。因此，在数学教学中，指导学生有序观察，授予他们"总—分—总"的系统观察方法，引导他们在观察物体时按照先粗略地观察全貌，然后细致地观察局部细节，最后进行整体概括认知。如此观察，可以帮助学生有效发现物体的全部特征，从而让他们系统剖析出事物的本质属性。例如，在教学《长方体和正方体表面展开图》一课时，观察和想象对于学生掌握立体图与平面图之间的转化特别重要，尤其需要有序完整观察，才能帮助学生有效地认识、理解展开图中相对面的特征。因此，在教学中，教师要特别注重学生的观察指导，引导学生按先整体后部分再整体的顺序进行观察。在寻找相对面的特征时，同样也做到按序观察，一组一组地观察相对面。为了提高学生系统观察思考的能力，还可以在练习中设计一些稍有难度的习题，如三个正方体的六个面都按相同规律写着数字1，2，3，4，5，6，观察这三个正方体，判断1，2，3的对面分别是什么数字？在解答此题时，再也没有学生看了正方体的一个面就随便猜测，而是全面观察、整体思考，通过对三个正方体的观察再进行推理判断。观察训练，有效地培养学生的系统思维，使学生懂得有序观察、整体思维，提高了学生思维的严谨性和系统性。

三、精设问题链条，实现思维连通式

斯科特·派克说过："问题能启发人的智慧。"问题是数学教学的心脏，是数学思维的源泉，数学问题左右着学生思考的方向，影响着学生思维的品质。所以，在数学教学中，要发挥问题在思维培养中的价值，精心设计数学问题，用问题点燃思维的火花，打通学生思维的通道，引导学生的系统思维，全面提高学生的思维能力。

问题驱动下的教学是系统思维培养的重要策略，设计优质的数学问题是有效教学的关键。数学问题不在多少而在于精优。优质的问题具有较高的思维含量和层级递进的思维特质。精设问题链是训练系统思维的最佳方式，问题链是将环环相扣的多个问题编织成一根链条，各问题之间不会显得零散割裂。一组好的问题链胜过无数的碎问，问题链把知识碎片融合起来，把学生思维贯串起来，实现了思维的连通，使学生思维衔接紧凑、系统完整。例如，在教学《长方体和正方体的体积》一课时，在学生动手操作探究之前，教师先引导学生观察例图并思考问题。可以给学生设计以下几个问题：这个长方体的体积是多少？长方体的体积可能跟什么有关？究竟有怎样的关系？你准备如何验证？在这些核心问题的引领下整体规划设计问题链，多个问题之间呈分层递进关系，引导学生循序渐进的思考。问题链不要一下子呈现，而要依次展示，在一个问题完成后再进行追问，以免混淆学生视听，干扰学生思维，避免学生的思维不能有效地连通。

四、巧借思维导图，促进思维结构化

思维导图是当下数学教学的一个热点。然而，一些教师对思维导图有一些认识上的偏差，认为思维导图就是一种反映学生思维轨迹的简单图形。其实不然，思维导图是一种系统思维模式，是"基于系统思考的知识建构策略"，以图文融合的形式有序地展现各知识点之间的层级结构关系。思维导图不仅把各知识碎片有机整合到一起，形成较为完整的知识体系，还让隐性抽象的思维显性化、形象化，促使学生展开结构化思考。

绘制思维导图旨在建构一种知识网络图，实现发散思维结构化，思维导图是系统思维培养的简单而有效的手段。故而，在单元教学结束之后，或者在总复习之时，可以组织学生绘制思维导图，借以训练学生的系统思维。例如，在教学《因数和倍数》单元复习时，可以让学生通过画概念图的方式整理该单元的相关知识点，学生以因数和倍数这两个核心概念为主干，往下不断地开枝散叶，奇数、偶数、质数、合数等分概念构成了思维导图上的一根又一根分叉，所有概念聚合成一棵形象直观的知识树。思维导图让碎片知识变为系统知识，同时使学生的思维从封闭走向发散，从肤浅走向深刻，让他们的思维更加富有条理性、结构性和完整性。

系统思维方式简化认知，关注整体，可以帮助学生轻松地发现事物本质属性，灵活高效地解决实际问题。因此，在数学教学中，我们要积极关注系统思维培养，不断丰富和提升学生的数学素养。

参考文献

［1］王靖靖.小学数学教学中学生逻辑思维能力的培养［J］.小学科学（教师版），2016（9）：192.

［2］陈颖洁.以数学思维为中心的小学数学教学探索［J］.数学大世界（中旬），2019（2）.

（文章发表于《小学教学研究》2019年第9期）

小学生数学阅读能力的培养策略

数学阅读是学生学习知识的主要方式，也是学生学习数学的重要手段。小学数学教师都有这样的体会：在课堂教学中，当教师读题时学生大都能理解题意正确解答，可是一旦让学生独立完成时，往往错误很多。究其原因，其实是学生的数学阅读能力不强，不能正确地阅读、理解题目的要求，理解不了题目中包含的意义。因此，作为数学教师，在关注学生观察分析、细致计算、逻辑思维等能力培养的同时，更要突出培养学生的数学阅读能力。

一、创设问题情境，激发学生数学阅读兴趣

兴趣是最好的老师，也是促进学生学习的内部驱动力。有了兴趣，学生就能产生强烈的求知欲，就能积极主动而有个性地学习。因此，在数学教学中，教师可以结合小学生的年龄特征和小学教材的特点，以数学教材为载体，以语言训练为内容，创设丰富多彩的故事情境，以激发学生的阅读兴趣。例如，低年级的数学书，简直就是一本数学童话。每一课学习内容、每一道练习题都可以用一个小故事表达出来，与学生的实际生活密切相关。教师在数学课堂教学中适当创设一些问题情境，穿插阅读一些数学小故事，可以诱发和保持学生的阅读兴趣。

另外，我们还可以通过设置悬念，呈现一些与学生原有知识相矛盾的问题情境，或提供几个相互矛盾的方案、解答，让学生产生认知上的冲突，引发学生的好奇心和求知欲，激发学生的数学阅读兴趣。

二、注重方法指导，提升学生数学阅读能力

数学阅读不同于普通意义的阅读，不仅仅是读书的过程，更是学生口、眼、手、脑等感官的有机结合、统一协调的过程。因此，教师要提高学生的数

学阅读能力，必须加强对学生阅读方法的指导。

1. 引导学生读完整题目

语文阅读通过快速浏览便知课文的情节内容，读后的感想被情节所左右，具有被动性。而数学阅读由于数学教材的严谨及数学"言必有据"的特点，对新出现的定义、定理必须通过分析理解、反复思考才能明白。因此，在平时的数学教学中，引导学生阅读、理解一段数学材料或一个概念、定理时，教师必须要求学生完整地读题，读完整的题，了解其中每个数学符号的精确含义，不忽略任何一个不理解的词汇。

2. 指导学生找准关键词

数学概念、性质、法则、公式以及解题方法、操作步骤的表述，因其自身特点的要求往往具有更强的严密性和逻辑性。故而，教师要教会学生运用各种符号来表示不同的意义，找准阅读的重点与关键。例如，"只有一组对边平行的四边形叫梯形"，这里需要仔细辨析"只有"和"有"的区别，"只有"是有且唯一的意思。因为"有一组对边平行的四边形"会有很多，长方形、正方形、平行四边形都可算在其列，这显然是不对的。这样，找准语句中的重点字词加以阅读理解，学生就能够准确地理解与掌握概念的核心意义了。

3. 教导学生阅读中质疑

学起于思，思源于疑。质疑是探索知识、发现问题的开始。质疑的过程是学生逐步理解问题的过程，更是思维能力发展的过程。教师要指导学生学会在阅读中发现问题、提出问题，带着阅读的体会与疑问，主动与老师同学交流，探讨是非真伪，辨析问题本质。教师要通过提问、练习、互相讨论等方式加强信息交流，检查学生阅读效果。久而久之，学生阅读的兴趣更加浓厚，质疑能力得到进一步提高，其思维的深刻性也得到了训练。例如，教学商不变性质："在除法里，被除数和除数同时扩大或缩小相同的倍数，商不变。"可从这些方面进行质疑：为什么说"在除法里"？"同时"是什么含义？同时扩大或缩小怎样理解？相同的倍数是什么意思？为什么没有0除外？经过反复阅读、推敲，让学生理顺条件之间的关系，领悟其中的内涵，加深学生对数学性质的认识，对数学语言科学性、精练性的理解，感受数学的简洁与深刻。

4. 培养学生在阅读中比较

数学知识是相互联系的。通过比较，可以使学生充分发挥主观能动性，辨析知识的联系与区别，实现学习过程的正迁移，达到举一反三、触类旁通之效。例如，异分母分数加减法的教学，教材例题后有一段文字："它们的分母不同，就是分数单位不同，不能直接相加，要把它们转化成同分母分数才能计算。"学生阅读后，对"分数单位不同，不能直接相加"的含义不能理解。为此，教师要引导学生联系已学过的整数、小数加减的计算法则进行比较思考，如整数的加减法中"数位对齐"是什么含义？小数加减法中"小数点对齐"的含义是什么？从而，让学生认识到"数位对齐""小数点对齐"的实质都是指相同单位的数才能直接相加减。这样不仅能在新旧知识之间建立联系，加深学生对知识的理解和记忆，而且增强了学生灵活运用知识解决问题的能力，还可以让学生实现从机械阅读到意义阅读的转化，真正提高数学阅读质量。

三、拓展阅读内容，积淀学生数学知识素养

数学教材是学生获得数学知识的主要来源，是学生学习数学的重要载体。然而，仅仅靠数学教材的阅读，对学生数学素养的培养远远不够，因此需要教师更多地开发拓展学生的数学阅读内容。数学家张广厚指出："只做题不看书，是学不好数学的。"作为数学教师，可以引导学生多看一些数学课外读物，开阔学生的数学视野，让他们多方面了解数学史，领会数学美和数学的应用。教师可推荐适合学生阅读的课外书籍，或者通过网络下载一些中外数学知识供学生阅读，还可以在数学课堂里有机穿插一些数学史、数学人物、数学文化等内容，有目的地引导学生自主阅读，交流阅读体会，开阔学生数学视野，积累学生数学素养。

小学生的数学阅读能力培养是一项长期的工作。作为教师，在平时的数学教学中要有意识地加强学生这方面的训练，让学生从愿读到会读再到乐读，让数学阅读真正融入数学课堂，让数学阅读成为数学教学的有效手段与重要载体，进而提升数学课堂教学效益。

（文章发表于《教材教法研究》2012年第12期）

小学数学思想方法的有效渗透

数学思想，是指对数学理论与内容的本质认识，它直接支配着数学的教学实践活动。数学方法，是指某一数学活动过程的途径、程序、手段，它具有过程性、层次性和可操作性等特点。数学思想是数学方法的灵魂，数学方法是数学思想的表现形式和得以实现的手段，因此，它可以概称为数学思想方法。

在小学数学教学中，教师向学生渗透一些基本的数学思想方法，是数学教学改革的新视角，可以为培养学生的逻辑思辨能力打好基础，从而真正地实施有效的数学教学。

一、提高教学渗透的自觉性

数学概念、法则、公式、性质等知识都明显地写在教材中，是有"形"的，而数学思想方法却隐含在数学知识体系里，是无"形"的，并且不成体系地散见于教材各章节中。教师讲不讲，讲多讲少，随意性较大。对于学生的要求是能领会多少算多少。因此，作为教师，首先，要更新观念，要从思想上不断提高对渗透数学思想方法的重要性的认识，把掌握数学知识和渗透数学思想方法同时纳入教学目标，把数学思想方法教学的要求融入备课的各个环节。其次，要深入钻研教材，努力挖掘教材中可以进行数学思想方法渗透的各种因素，对于每一章每一节，都要考虑如何结合具体内容进行数学思想方法渗透，渗透哪些数学思想方法，怎么渗透，渗透到什么程度，都应有一个总体设计，提出不同阶段的具体教学目标要求。

二、把握教学渗透的可行性

数学思想方法的教学必须通过具体的教学过程才能得以实现。因此，必须把握好教学过程中进行数学思想方法教学的契机——概念形成的过程、结论推导的过程、方法思考的过程、思路探索的过程、规律揭示的过程等。同时，进行数学思想方法的教学，要注意有机结合、自然渗透，要有意识地、潜移默化地启发学生领悟蕴含于数学知识之中的种种数学思想方法，切忌生搬硬套、和盘托出、脱离实际等适得其反的做法。

三、注重教学渗透的反复性

数学思想方法是在启发学生思维过程中逐步积累和形成的。为此，在教学中，首先，教师要特别强调解决问题以后的"回顾与反思"，因为在这个过程中提炼出来的数学思想方法，对学生来说才是易于体会和易于接受的。例如，通过分数和百分数应用题有规律的对比板演，指导学生小结解答这类应用题的关键，找到具体数量的对应分率，从而使学生自己感悟体验对应思想和化归思想。其次，教师要注意渗透的长期性。我们应该看到，对学生数学思想方法的渗透不是一朝一夕就能见效的，学生数学能力提高是有一个过程的，需要长期的坚持。数学思想方法必须经过循序渐进和反复训练，才能使学生真正地有所领悟与内化。

总之，在小学数学教学中，数学思想方法是有效教学的最终归属，是学生数学素养的重要组成，需要教师坚持不懈地落实到平日的数学教学的每个细节，更需要教师探索研究教学渗透的有效方法策略，形成自觉的教学意识。

（文章发表于《亭湖教育》2004年第3期）

浅谈数学新课标下的"体验学习"

《数学课程标准》提出："要让学生在参与特定的数学活动，在具体情境中初步认识学习对象的特征，获得一些体验。"所谓体验，就是个体主动亲历或虚拟地亲历某件事并获得相应的认知和情感的直接经验的活动。让学生亲历经验，不但有助于学生通过多种活动探究以获取数学知识，而且有助于学生在体验中能够逐步掌握数学学习的一般规律和方法。教师要以《数学课程标准》精神为指导，用活、用好教材，进行创造性地教，让学生经历学习过程，充分体验数学学习的过程，享受成功的喜悦，增强信心，从而达到学会学习的目的。

一、自主探究，让学生体验"再发现"

学习数学的唯一正确方法是实行"再创造"，也就是由学生把本人要学习的东西自己去发现或创造出来；教师的任务是引导和帮助学生去进行这种"再创造"工作，而不是把现成的知识灌输给学生。实践证明，学习者不实行"创造发现"，他对学习的内容就难以真正理解，更谈不上灵活运用了。

例如，学完了"圆的面积"，笔者给学生出示：一个圆，从圆心沿半径切割后，拼成了近似长方形，已知长方形的周长比圆的周长大6厘米，求圆的面积。乍一看，似乎无从下手，但是通过教师引导，学生经过自主探究便能想到：长方形的周长不就比圆周长多出两条宽，也就是两条半径，由此得到一条半径的长度是3厘米，问题迎刃而解。

笔者认为，教师作为教学内容的加工者，应站在发展学生思维的高度，相信学生的认知潜能，对于难度不大的例题，大胆舍弃过多、过细的铺垫，尽量对学生少一些暗示、干预，正如"教学不需要精雕细刻，学生不需要精心打造"，要让学生像科学家一样自己去研究、去发现，在自主探究中体验，在体验中主动建构知识。

二、实践操作，让学生体验"做数学"

陶行知先生早就提出"教学做合一"的观点，教与学都应以"做"为中心，让学生找找、量量、拼拼……传统教学的特点，就在于往往是口头讲解，而不是从实际操作开始数学教学。"做"就是让学生动手操作，在操作中体验数学。通过实践活动，可以使学生获得大量的感性知识，同时有助于提高学生的学习兴趣，激发学生的求知欲。

例如，关于"将正方体钢坯锻造成长方体"，为了让学生理解变与不变的关系，笔者组织了一个实践活动，让学生每人捏一个正方体橡皮泥，再捏成长方体，从中体会其体积保持不变的道理。在学习圆柱与圆锥后，学生即使理解了其关系，但遇到"圆柱、圆锥体积相等，圆柱高5厘米，圆锥高几厘米"之类的习题仍有学习难度，可以让学生用橡皮泥再玩一玩，学生就不会再混淆，而能清晰地把握，进而学会有逻辑地思考。

有一句俗话："听会忘记，看能记住，做才能会。"对于动作思维占优势的小学生来说，听过了，可能就忘记；看过了，可能会明白；只有做过了，才会真正理解。教师要善于用实践的眼光处理教材，力求把教学内容设计成物质化的活动，让学生体验"做数学"的快乐。

三、合作交流，让学生体验"说数学"

这里的"说数学"是指数学交流与表达。课堂上师生互动、生生互动的合作交流，能够构建自由平等的对话平台，使学生处于积极、活跃、自由的状态，呈现思维火花的碰撞和始料未及的体验，使不同的学生得到不同的发展。因为"个人创造的数学必须取决于数学共同体的'裁决'，只有为数学共同体所一致接受的数学概念、方法、问题等，才能真正成为数学的成分"。因此，个体的经验需要与同伴和教师交流，才能顺利地共同建构。

例如，在学习"分数化成小数"时，笔者首先让学生把一个个分数用分子除以分母，得出1/4、9/25、17/40能化成有限小数的分数。可以先让学生猜想：这些分数能化成有限小数，是什么原因？可能与什么有关？学生开始时好像无从下手，几分钟后有学生回答"可能与分子有关，因为1/4、1/5都能化成有限小数"；马上又有学生反驳："1/3、1/7的分子同样是1，为什么不能化成有限小数？"另有学生说："如果用4或5做分母，分子无论是什么数，都能化成有限小数，所以我猜想可能与分母有关。""我认为应该看分母。从分数的意义想，3/4是把单位'1'平均分成4份，有这样的3份，能化成有限小数；而3/7表示把单位'1'平均分成7份，也有这样的3份，却不能化成有限小数。"教师再问："这些能化成有限小数的分数的分母又有何特征呢？"学生思考并展开讨论，几分钟后开始汇报："只要分母是2或5的倍数的分数，都能化成有限小数。""我不同意。如7/30的分母也是2和5的倍数，但它不能化成有限小数。""因为分母30还含有因数3，所以我猜想一个分数的分母有因数3就不能化成有限小数。""我猜想如果分母只含有因数2或5，它就一定能化成有限小数。"由此可见，让学生在合作交流中充分地表达、争辩，就能体验到"说数学"的乐趣，就能更好地锻炼培养学生的创新思维能力。

四、联系生活，让学生体验"用数学"

《数学课程标准》中指出："数学教学要体现生活性，人人学有价值的数学。"教师要创设条件，重视从学生的生活经验和已有知识出发，让学生学习和理解数学；要善于引导学生把课堂中所学的数学知识和方法应用于生活实际，既能加深学生对知识的理解，又能让学生切实感受到生活中处处有数学，体验到数学的价值。

例如，笔者在学生学习了"圆的认识"后，设计了这样一个游戏：学生站成一排横队，距队伍2米处放一泥人，大家套圈。学生体会到不公平，认为应站成一圆圈或站成纵队才公平，更好地体会"在同一个圆内半径都相等"的概念。又如，学完"用字母表示数"后，笔者随意取出一本书，问它有多少页？学生开始一愣，有的学生摇头，有的学生茫然，过了一会儿恍然大悟："这本书有x页。""有a页""有b页"……我们的教学要给学生一双具有数学眼光的眼睛，不断培养学生的数学意识，使学生真正体验数学的魅力。

体验学习需要引导学生主动参与学习的全过程，在体验中思考，在思考中创造，发展创新思维，培养实践能力。创设一个愉悦的学习氛围，让学生亲身体验，思路畅通，热情高涨，充满生机和活力；让学生体验成功，充分激起学生强烈的求知欲望。当然，教师还应该深入学生的心里，和他们一起经历知识获取的过程，经历体验，与学生共同分享获得知识的快乐，与学生共同"体验学习"。

（文章发表于《盐城师范》2005年第3期）

影响小学生计算能力的因素及对策

《数学课程标准》中指出"数学是人们生活、劳动和学习必不可少的工具"。计算能力是一项基本的数学能力，是小学数学中最主要的内容之一，是贯穿小学数学教学全部内容的主线。它是学生必备的数学能力，然而笔者在平时的教学中发现学生计算差错多，准确率低，经常出现这样或那样的错误，严重干扰着小学生对数学学习的兴趣，有时甚至影响数学学习的正常进度。我们通常简单地认为是学生粗心，不能真正做到对症下药、因势利导。

一、小学生计算能力的重要性

计算是数学知识中的重要内容之一，数学计算能力是一项基本的数学能力，包括计算的准确率和正确率两方面。计算能力是学习数学和学习其他学科的重要基础。个人计算能力的高低是其思维敏捷度和思维灵活性在计算方面的体现，它反映了这个人数学基本素质的高低。计算能力不仅影响学生的学习成绩，还直接影响学生的智力发展，对学生将来的学习和工作也会有直接影响。

二、计算能力不强对学生发展的影响

计算能力的降低，必然会引起"多米诺效应"，不仅影响到小学数学课堂教学的有效性，还会给学生的全面发展留下阴霾。

1. 学生学习情绪受到打击

小学阶段的数学教学都是围绕计算展开的，如果一个学生计算上老出现问题，他在各类练习及应试中势必不会占有优势，可想而知，在家长和教师面前他可能就会出现学习消极的情绪，甚至影响其他学科的学习。

2. 课堂教学进程受到限制

在教学中，我们常常因为学生计算算理有误或计算慢，从而不得不打乱正常的教学计划。其实，计算是数学学习过程中很多知识的最终落脚点，学生如果计算有问题，我们势必要花费一些时间加以纠正，自然就会影响其他内容的教学进程。

3. 学生学习效果受到影响

课堂教学是素质教育的主阵地，课堂教学的有效与否直接影响学生素质的全面发展。计算不过关，不仅会影响学生的学习情绪，而且会影响课堂教学的进程，还会使学生对数学学习产生畏难与抵触情绪，学习成绩也就难以令人满意了。

三、影响小学生计算能力的因素

经过筛选和调查，我们认为影响小学生计算能力的因素大体有下面几种情况。

（一）不良学习习惯的影响

1. 草稿本使用不正常（见表1）

表1

序号	调查题目	选项及内容（可多选）	所选人数	调查人数	百分比
12	你对草稿本的看法是	A. 无关紧要，基本没有，不用	0	20	0%
		B. 考试时会使用草稿本，平时有时会使用，一般不用固定的草稿本，随手画	17	20	85%
		C. 很重要，一如既往地都使用草稿本	3	20	15%

在学生问卷调查中我们可以发现，有固定草稿本的只占15%，而有85%的学生却是在考试时才会使用草稿本，平时有时会使用，一般不用固定的草稿本，而是随手画。有的学生在计算中无论数字大小，熟练与否，一律口算，不愿动笔演算；有的学生虽有笔算，但是写得乱七八糟；有的学生一次练习下来连一张像样的草稿纸都没有，有的学生直接写在桌面上、其他书的空白处，甚至手心手背上。

2. 没有认真检验的习惯（见表2）

表2

序号	调查题目	选项及内容（可多选）	所选人数	调查人数	百分比
7	对于计算结果你通常	A. 详细反复检查验算	1	20	5%
		B. 估算后再验算	6	20	30%
		C. 一次就能做对，基本没有必要验算	13	20	65%

在前面的调查和教学中我们发现在计算中能详细反复检查验算的只占5%，而65%的学生都认为自己能一次性做对，觉得没有必要验算，只有30%的学生认为要先估算再验算，有90%的学生只有在做估算题时才会进行估算，所以大部分学生计算结束后不会运用估算和验算认真检查，都是做好了便觉得信心十足，无须检查，估算也只有在估算题时他们才会使用到它，因此一些计算中出现了低级笑话，如算出几点几个人，算出了一个人的身高一百多米……

3. 书写不够认真

学生书写不够认真，如不少学生数学作业中的书写远远赶不上语文作业的认真程度，有的学生因为写数字潦草，常常是0和6写得差不多，3和5互变等；还有的学生是自己笔算的结果因为写得不清楚而导致自己把答案抄错。

4. 学习用品准备不齐全

计算的正确率还取决于学生自己准备的学习用品是否齐全。我校的学生虽然生活在城市，但是不少家长由于外出打工或忙于自己的事业，无暇顾及孩子书包中的笔袋，尤其是一些低年级的学生笔袋中连像样的一支铅笔，一块橡皮都没有，书写时乱涂乱改，在涂改中不仅书写不整洁，而且常产生误看、误写的错误；还有的因为铅笔太粗，造成书写上的模糊而出错；高年级学生因为没有方便的修正工具而导致涂改不清最终计算出错的比比皆是。

（二）不良学习心理因素的影响

在计算练习中，很多不良的心理因素都会影响学生计算的正确率。在对学生做计算题失分原因调查时，有90%的学生认为自己是粗心造成的，有15%的学生认为自己是紧张造成了计算错误，但笔者认为学生所说的粗心并不是简单意义上的粗心，还可能是受到以下几种不良学习心理因素的影响。

1. 用老规则解决新问题

消极思维定式往往会影响学生对运算概念、法则、性质的正确理解，使学生产生计算错误。例如，计算 $150+350 \div 70$，由于前面所学的加减混合运算一般是从左往右算，在这种思维定式的干扰之下，学生很容易忽略掉 $350 \div 70$（先算除法再算加法这一运算顺序）。又如，六年级学生在学习分数乘法应用题后再做这样的填空题："（   ）比30吨多二分之一吨"，有些孩子会误填成45吨。

2. 用老方法解决新问题

小学生在学习过程中，往往容易受到"简便计算"等强刺激的持续作用，在大脑神经中枢形成兴奋中心，产生思维干扰，以至于造成计算错误。例如，我们在计算 $48 \div (24+12)$ 时，有的学生根本不经过任何思考便下笔误算成 $48 \div 24+48 \div 12$，其实他就是受到了 $(24+12) \div 48$ 这类题型的干扰。

3. 用老结果套用新问题

用老结果套用新问题就是前后抑制产生干扰。小学生在掌握概念、进行运算、理解数量关系时，很容易产生前摄抑制或后摄抑制。例如，小学生刚学分数应用题时，分不清单位"1"的问题，认为"甲比乙多 $\frac{1}{4}$ 千克"就是"乙比甲少 $\frac{1}{4}$ 千克"，所以"甲比乙多 $\frac{1}{4}$"也就是"乙比甲少 $\frac{1}{4}$"。又如，学生在学习乘法分配律后如果出现了一些特殊的分配题，以 $24 \times \left(\frac{1}{4}+\frac{1}{5}\right) \times 5$ 为例，学生会受前面分配律的影响直接算成 $6+1=7$。

（三）知识掌握缺陷引起的失误

1. 口诀和法则记错或记不准

有时学生算错，反复检查也无法发现，甚至告知他已经错了，让他重做，他仍沿用错误的方法。造成这一现象的原因是学生记错了法则且已经形成了错误的习惯，直到五年级的学生还会错误地将 $18 \div 6$ 算成2，而且是几乎每一次碰到这道题他都会错，其实这部分知识就是他们计算中的"盲区"。

2. 对于计算法则或运算顺序没有很好的掌握

有的学生轻视计算题的学习，往往只注重结果（计算方法），而不注重结果由来的过程，导致学生对计算法则或运算顺序、原理等不能很好地理解，只是死记硬背计算方法。这样的学生往往计算出错也比较多。例如，在加减运算中常常忘记借去的数或进上来的数；在小学乘法中常常忘记点上积的小数点；在四则混合运算中，必须同时注意运算法则、中间结果、运算方法、进位、退位等的处理。又如，$1.25 \times (80+4)=1.25 \times 80+4=100+4=104$，其错误原因是当初学习乘法分配律的时候，没有领会到1.25×(80+4)的意思就是求84个1.25。可以先求80个1.25，再加上4个1.25，一共还是84个1.25，领会到了这点自然就不会出现上述错误。

（四）教师方面的原因（见表3）

表3

序号	调查题目	选项及内容（可多选）	所选人数	调查人数	百分比
3	根据你的理解，你对计算教学的看法是	A. 数学重在发展学生思维，计算显得有些机械重复，不是很重要	2	10	20%
		B. 一些较难的计算可以运用计算器，所以并不是最重要的	5	10	50%
		C. 计算很重要，它是其他一切数学教学的基础和保证	5	10	50%
		D. 不能确定	0	10	0%
9	对待"口算"你通常的做法是	A. 随教材的教学内容而定，教材涉及就进行，不涉及时就不进行口算训练	3	10	30%
		B. 渗透在教学当中，经常进行口算训练，无论教学内容是否涉及	3	10	30%
		C. 教材内容涉及时进行口算训练，不涉及时偶尔进行练习	4	10	40%

从教师的问卷调查发现，仅有50%的教师比较重视学生计算的教学，有40%的教师认为只有教材内容涉及时才进行口算训练，不涉及时只是偶尔进行练习，总结原因主要分为以下几种。

1. 教者不能统观教材

一线教师由于平时教学任务繁重，往往只埋头教学自己年级的内容，很多教师都不能将整个小学阶段的计算教学做一个整体的梳理，对于每个知识点的来龙去脉的把握还不到位。

2. 用练习代替计算教学中算理的教学

在进行计算教学时，有的教师认为无须过多讲解算理，多做几道题就行了，造成了学生只知其然而不知其所以然，尤其是学生遇到变式练习时，更是不知所措。

3. 草率对待学生计算中出现的问题

对学生出现的错误计算结果，有的教师常常只用"错了"来告知学生，评讲时也是只用"粗心"两个字概括其中的原因。

4. 教师过分依赖多媒体教学

学校的教学设备及技术先进了，我们的数学课上用更多的课件演示代替了学生本该有的动手操作，于是学生对算理的理解减弱了；算法多样化了，而学生做题没方法了；练习形式趣味化了，而学生也浮躁了。

四、提高小学生计算能力的对策

（一）用心培养学生良好的计算习惯

俄罗斯著名教育家乌申斯基曾说过："良好的习惯是一种道德资本。"这个资本不断地在增值，而人在其一生中就享受着它的利息。笔者认为良好的计算习惯就该从规范学生的草稿本抓起。

第一步：每人必备一本草稿本，使所有笔算有操作的地方。课前提出这个统一要求，并宣布将草稿本纳入数学课前准备检查之一。

第二步：规范打草稿，使错误有迹可循，并约法三章：①打草稿时标上序号，对号入座；②书写认真，不潦草；③布局合理，不浪费。

第三步：鼓励学生在草稿本上演绎数学思维。学数学重要的是掌握分析问题、解决问题的方法，有了方法才有能力。所以，教师要鼓励学生解题时在草稿本上留下分析的痕迹，只要分析的方法可行、解题思路正确，即使最后的答案错了也可以得一半分。笔者觉得这也是一种重视学习过程的方法，它训练的是学生积极解决问题的能力。

实践证明，草稿训练的第一、二步，能培养学生养成认真、耐心、细心的学习习惯，便于教师帮助学生分析错因，及时订正错误，能有效提高计算准确率，培养学生的计算能力。为了能帮助学生养成认真用好草稿本的习惯，我们班每月都有一次草稿本的评比与展览，大大提高了学生计算的准确率。

除此外，学生的估算和验算习惯对于计算的正确率也有举足轻重的作用，这就要教师在每一节课上都要做好学生学习的榜样。试问我们有多少教师在每一天的数学题讲解中都能做到回头看一看？

（二）用心强化学生良好的学习心理

我们充分利用每一节数学课课前5分钟的时间，通过每日的"口算专项训练"，帮助学生克服怕口算、口算慢、口算紧张等不良的学习心理。具体要求是每个学生备一本专用的口算本，在规定的时间内以听算为主，每日10道口算题，要求算得又对又快，同时保证口算题的质量，通常是随数学课本内容改变而改变。例如，学生学到了乘法的简便运算，我们那几天的口算内容以简便计算为主，比如32×125，24×25，25×101；在学生学了小数和分数的互化后我们的口算内容就会出现一些常用的分数（如$\frac{1}{8}$，$\frac{6}{8}$等）化为小数的口算；另外，通过一些每周每月"口算大王"的评比，大大激发了学生口算的积极性。经过一段时间的训练，学生的口算水平提高很快，经常比赛，也减轻了他们对口算的紧张感。

（三）用心弥补学生知识上的缺陷

在计算教学中，教师可以让学生先尝试练习，找到计算的办法，但在学生会计算的时候别忘了让学生知其然，还要让学生知其所以然。教师要重视讲清算理，揭示计算的规律。现在，我们学校尽管都配备了现代化的教学设施，我们的数学课上依然不能少了学生应有的学具盒，哪怕是自制的小棒。很多计算的算理并不是学生看出来的，而是他们自己操作感悟出来的。这就需要我们教师做一个有心人，只有用心提炼出每一类计算的算理，才能在计算教学中有的放矢地引导学生自己去发现、去总结。现行的教材上没有一句关于计算法则的总结，这样的总结应当更多地交给学生，让他们真正做学习的主人。

1. 教具演示，理清算理

可充分发挥多媒体教学的优势，用直观的课件演示帮助学生理解抽象的算理，教学中尽可能地通过直观演示等手段，化抽象为具体，深入浅出，明确算理。

2. 学具操作，探索感悟

心理学家认为：思维是从动作开始的。操作是形象思维和数学抽象之间的一座桥梁，要使学生掌握数学知识，促进思维发展，就需要充分发挥一些原始学具的作用。例如，我们在教学退位减法时，就和学生一起去拆小棒，他们在拆的过程中自然体会到以一当十的算理。

3. 联系实际，加深理解

作为教者我们应当为学生多创设一些教学情境，让学生在情境中充分理解计算教学中难以理解的算理。例如，在教学一些混合运算题的时候，我们完全可以通过合适的情境让学生在情境中充分体会混合运算的运算顺序。

（四）用心鼓励计算的最优化

计算教学是数学教学的灵魂，作为一线的数学教师，如果能够真正做到重视计算教学，把计算教学作为数学教学的一条主线，如果能在此基础上重视学生计算的最优化，就能让我们的学生不仅会计算，计算对，还能计算快。这既尊重学生的个性化学习，也为学生的数学交流提供了一个好的平台。但不少教师认为在课堂上只要问过学生"你还有什么方法？""你认为哪种方法最简便？"便是做到了方法的最优化。其实自我优化才是优化的最终目的。笔者认为在计算中，学生自己通过不断的练习发现了最好的、最快的方法，并且在今后的练习中自觉地使用了这些方法，这才是优化的终极目标。

五、结语

计算教学是支撑小学数学的最基本框架，占据着一半以上的教学时间，是整个小学数学教学中的一部"重头戏"，在计算教学中我们可以帮助学生掌握简单的计算方法，更重要的是在计算教学中培养学生养成良好的学习习惯，对学生进行思维的拓展与训练。作为小学数学教师，我们只有准确把脉学生在计算教学中的问题，才能使我们的计算教学从枯燥走向生动，从平庸走向精彩。

参考文献

［1］郭小龙.小学生计算出错的成因分析及其对策［J］.湖南教育，2009（11）：26-27.

［2］林海涨.基于简便运算错误的心理分析及对策［J］.小学数学教师，2011（10）：35-40.

［3］沈柯亮.基于心理因素的小学生计算错例分析及干预策略［J］.中小学数学（小学版），2011（6）：5-6.

［4］于国华.提高数学计算正确率的有效对策［J］.小学教学研究，1995（10）：24-25.

［5］胡本炎.小学生计算错误的原因及其改进对策的研究［J］.小学数学教师，1999（3）：39-44.

［6］杨惠娟.小学生计算错误原因分析及对策［J］.中小学数学（小学

版），2009（9）：10–12.

［7］曹艳荣.学数学课程与教学论［M］.郑州大学出版社，2009：59.

［8］刘加霞.小学数学有效教学模式［M］.北京：北京师范大学出版社，
2008.

附：

小学生计算能力调查问卷统计表（学生卷）

调查对象：盐城市人民路小学五六年级学生（共20人）

序号	调查题目	选项及内容（可多选）	所选人数	调查人数	百分比（%）	简单分析
1	你所在班级	A. 五年级	10	80	12.5	高年级学生便于了解真实情况
		B. 六年级	10	80	12.5	
2	你对计算题的看法	A. 很重要	13	20	65	学生思想上还比较重视计算
		B. 一般	7	20	35	
		C. 不重要	0	20	0	
3	你喜欢做计算题吗？	A. 喜欢	10	20	50	学生并不讨厌做计算题
		B. 不喜欢	1	20	5	
		C. 一般	9	20	45	
		D. 不能确定	0	20	0	
4	你认为你的计算水平怎样？	A. 很好我很满意	7	20	35	学生也能发现自己计算水平并不高
		B. 一般有待提高	12	20	60	
		C. 很不满意要努力提高	1	20	5	
5	你做计算题失分的原因大多数是因为什么？	A. 不会做	3	20	15	大部分孩子都认为自己错误是粗心
		B. 粗心	18	20	90	
		C. 紧张	3	20	15	
6	对于计算题改错，你的做法是	A. 认真检查按要求重做一遍	12	20	60	对于纠错学生态度还算认真
		B. 先看同学的正确答案找出错误后再订正	8	20	40	
		C. 从不主动改错，老师提醒后才去改	0	20	0	
		D. 抄同学的答案	0	20	0	

续 表

序号	调查题目	选项及内容（可多选）	所选人数	调查人数	百分比（%）	简单分析
7	对于计算结果你通常	A. 详细反复检查验算	1	20	5	显然大部分孩子没有验算的习惯
		B. 估算后再验算	6	20	30	
		C. 一次就能做对，基本没有必要验算	13	20	65	
8	在做计算题时你一般会	A. 审题，弄清运算顺序和计算方法进行计算	11	20	55	有近一半的孩子没有审题的好习惯
		B. 读一遍后就开始算	9	20	45	
		C. 太简单没有必要审题直接计算	0	20	0	
9	对待"口算"你通常的做法是	A. 按照题目要求口算	3	20	15	能按要求口算的孩子并不多
		B. 简单的口算，有难度的进行笔算	11	20	55	
		C. 先口算，检验时笔算	6	20	30	
10	对于笔算题你失分的主要原因是	A. 其中一步的口算错了	14	20	70	口算一步错了是错误的元凶
		B. 没有进位或退位	1	20	5	
		C. 太粗心没有写答案	5	20	25	
11	在做解决问题时，容易错的原因大多数是	A. 看不懂题目的意思	2	20	10	计算对学生能否正确地解决问题，影响很大
		B. 把题目中的数字抄错了	4	20	20	
		C. 算式列正确了，计算出错	14	20	70	
12	你对草稿本的看法是	A. 无关紧要，基本没有，不用	0	20	0	大部分孩子不能正确使用草稿本
		B. 考试时会使用草稿本，平时有时会使用，一般不用固定的草稿本，随手画	17	20	85	
		C. 很重要，一如既往地都使用草稿本	3	20	15	

小学生计算能力调查问卷统计表（教师卷）

调查对象：盐城市人民路小学教师（低中高年级老师共10人）

序号	调查题目	选项及内容（可多选）	所选人数	调查人数	百分比（％）	简单分析
1	你认为你班大多数学生喜欢做计算题吗？	A. 喜欢	0	10	0	教师认为学生对计算态度中立
		B. 不喜欢	4	10	14	
		C. 谈不上喜欢和不喜欢	6	10	60	
2	你认为你班学生的计算水平怎样？	A. 很好，我很满意	0	10	0	计算水平普遍不高
		B. 一般，有待进步	8	10	80	
		C. 很不满意，要努力提高	2	10	20	
3	根据你的理解，你对计算教学的看法是：	A. 数学重在发展学生思维，计算显得有些机械重复，不是很重要	2	10	20	教师当中重视计算教学的并不多
		B. 一些较难的计算可以运用计算器，所以并不是最重要的	5	10	50	
		C. 计算很重要，它是其他一切数学教学的基础和保证	5	10	50	
		D. 不能确定	0	10	0	
4	你认为你班学生做错计算的原因大多数是	A. 不会做	0	10	0	各年级学生都存在马虎、不认真验算的现象
		B. 抄错题、看错数字、运算符号	5	10	50	
		C. 没有认真审题	2	10	20	
		D. 缺少验算的习惯	6	10	60	
		E. 紧张	0	10	0	
5	根据你的观察，你班学生做计算题时通常	A. 审题，弄清运算顺序和计算方法进行计算	0	10	0	各年级都有对算理未透彻理解的现象
		B. 读一遍题后就开始算	6	10	60	
		C. 太简单没有必要审题，直接计算	4	10	40	
6	据课堂观察，将你班大多数学生存在下列现象的序号选出来	A. 学生做数学作业基本没有固定的草稿本	6	10	60	草稿本的利用情况各年级都有问题
		B. 学生有草稿本，但一张纸写不了几道题，字迹潦草、散乱	6	10	60	
		C. 学生有固定的草稿本，有良好的打草稿习惯	1	10	10	
		D. 学生有在课本的空白处、课桌的面上等处打草稿的现象	5	10	50	

序号	调查题目	选项及内容（可多选）	所选人数	调查人数	百分比（％）	简单分析
7	你认为提高学生计算能力最关键的是	A. 养成认真审题的习惯	2	10	20	教师都认为验算和计算训练不容忽视
		B. 养成良好的检查验算习惯	7	10	70	
		C. 加强系统的计算训练	6	10	60	
		D. 注重对算理的理解	5	10	50	
		E. 以上答案都不是	0	10	0	
8	你觉得计算教学让你最困惑的是	A. 计算算理的教学	4	10	40	学生的学习习惯已成为教师最困惑的问题
		B. 计算器的合理运用	0	10	0	
		C. 计算要求把握的尺度	2	10	20	
		D. 学生良好学习习惯的养成	6	10	60	
		E. 以上答案都不是	1	10	10	
9	对待"口算"你通常的做法是：	A. 随教材的教学内容而定，教材涉及则进行，不涉及则不进行口算训练	3	10	30	教师对学生的口算训练还不够重视
		B. 渗透在教学当中，经常进行口算训练，无论教学内容是否涉及	3	10	30	
		C. 教材内容涉及时就进行口算训练，不涉及则偶尔进行练习	4	10	40	
10	对试卷命题中出现的口算题，你对学生的要求是	A. 要求学生先进行口算，检验时用笔算	8	10	80	教师对口算的要求比较一致
		B. 简单的口算题要求学生口算，有难度的可进行笔算	0	10	0	
		C. 让学生按照题目要求进行口算	2	10	20	
11	新教材对计算内容的编写都不揭示具体的计算法则，教学中你通常	A. 遵循教材的要求，只要学生会进行计算，不必提及计算法则	0	10	0	对计算法则的理解上，教师更重视学生对法则的理解
		B. 根据学生掌握的情况，提及计算法则，但只要理解，不强求背诵	6	10	60	
		C. 修订教材，教给学生计算法则，并要求学生在理解的基础上进行记忆	4	10	40	
		D. 不确定	0	10	0	

续 表

序号	调查题目	选项及内容（可多选）	所选人数	调查人数	百分比（%）	简单分析
12	你认为现行教材习题中计算题的训练量	A. 过重	0	10	0	计算量适中
		B. 偏重	0	10	0	
		C. 适中	7	10	70	
		D. 偏少	3	10	30	
		E. 过少	0	10	0	
13	在你的教学和学生的学习中，你觉得"估算"运用的情况是	A. 很多，经常运用	1	10	10	大部分学生都没有估算习惯
		B. 在做估算题时才会进行估算	9	10	90	
		C. 作用不大，往往让学生计算出正确结果，再根据结果得出估算答案	0	10	0	
		D. 不能确定	0	10	0	
14	根据你的观察，你班大多数学生做完计算题后通常	A. 独立检查验算，不与其他同学验证答案	0	10	0	各年级学生都没有验算习惯
		B. 先独立检查，再与其他同学验证答案	2	10	20	
		C. 先与其他同学验证答案，发现问题再进行检查验算	1	10	10	
		D. 除非老师强调，一般很少检查	6	10	60	

（文章系福建师范大学小学教育本科毕业论文）

第三篇

教学实践

　　本篇章是基于具体教学内容的案例研究，涉及数与代数、图形与几何、综合与实践等领域，是作者20多年教学案例的精品集合。不同领域的单个主题教学实践，有教学过程的实录，也有教学设计的思考，更有主题单元的整体架构，全面细致，实操性强。对广大一线数学教师的教学具有较好的指导参考价值。

丰富策略体验　感悟数学思想

——《解决问题的策略——画图》教学实践与思考

【教学内容】

苏教版义务教育教材数学四年级下册第48～49页例1及"练一练"。

【教学目标】

（一）使学生在具体的问题情境中产生画图的需求，初步学会画线段图表示题意的方法，学会用直观图分析数量关系，说明解决问题的思路，并正确列式解答。

（二）使学生在经历解决实际问题的过程中，进一步积累解决问题的经验，体验画图的优势，感受画图解决问题的价值，提高分析数量关系、解决问题的能力，形成画图解决问题的策略意识。

（三）使学生积极主动地参与数学活动的过程，培养认真审题、细心演算的习惯，感受学习成功的愉悦体验，树立学好数学的信心。

【教学重点】

掌握画线段图解决问题的策略。

【教学准备】

课件、学习单。

【教学过程】

（一）激发需求，引出策略

师：同学们，请看大屏幕，这个画面大家熟悉吗？

生：读书节活动。

师：对的，这是我校举行的读书节启动仪式。读书节期间，学校需要了解同学们的藏书情况。通过调查，（出示）小宁和小春共有72本书，那么如何知道他们两人各有多少本书呢？

生1：不知道。

生2：缺少条件。

师：那你能补充一个条件吗？

生1：小春比小宁多20本。

生2：小春比小宁少10本。

生3：小春是小宁的5倍。

师：老师把大家补充的条件归纳了一下，有这样几类。（出示磁贴）

小春比小宁多（　　　）本。

小春比小宁少（　　　）本。

小春是小宁的（　　　）倍。

师：下面，我们先来解决这个吧。如果小春比小宁多12本，该怎么解决这个问题呢？看起来有点难，谁有什么好办法能帮助大家理解题意呢？

生：画图。

师：是啊，画图是个好方法，今天这节课，我们就一起用画图的方法来解决问题。（板书课题）

（思考：由学生熟悉的生活情境提出问题，引导学生思考解决问题所需的条件信息，激发学生自主探究的欲望与兴趣，使学生初步感受画图策略学习的意义。）

（二）自主探究，体验策略

1. 探索画图

师：同学们，怎样画图表示题意呢？想不想自己试着画一画？

（学生尝试自主画图。）

师：我们一起来欣赏这几位同学的作品，怎么样？

生1：他画得很好，线段画得很直。

生2：他没有把题目的已知条件标在线段图上。

生3：他没有表示出题目中的问题。

2. 规范优化

师：真好，是呀，他用简单的两条线段就很清楚地表示出题目中的条件，但画图时既要表示出条件，也要表示出问题。老师也画了一个（课件出示），咱们一起来看看。与你的图比较一下，如果你有不完整或错误的地方，请你自己修改与完善。

（学生自主修改。）

（思考：对于画图的策略，学生已有一定的学习基础，放手让学生自主探索用线段图来整理题目中的文字信息，能够很好地唤醒学生的已有经验，通过交流引导学生互学互助，逐步明晰画图的方法要点，再进行规范优化，让学生进一步感受画图策略的完整过程与特点，形成初步的策略体验。）

3. 分析解答

师：看线段图，你能明白题意吗？图和文字表达的意思是一样吗？

生：能，图比文字更简洁。

师：那么，怎么解决这道题呢？请你借助线段图，动脑筋，想办法，来解决这个问题，看谁的方法多。

（学生尝试解题。）

师：好的，谁来说一说，你是怎么想的？

生：（实物投影展示）先用总数减去12本，变为60本，再用60除以2求出小宁是30本，然后用30加12，求出小春是42本。

师：为什么要用总数减少12本呢？

生：因为小春比小宁多12本，在总数里减去12本，小春的本数就和小宁一样多了，这时的总数就变成了两个小宁的本数了，所以再用60除以2，就能求出小宁的本数。

师：说得真好，把多的减掉，两人的数量就同样多了，这样的方法我们可以叫做"去多"。（板书：去多）还有不同的方法吗？

生1：给小宁增加12本，就和小春一样了，这样总数就增加了12本，变为84本，正好是小春的两倍，可以求出小春是42本，再求出小宁的本数30本。

师：下面的同学，你们有什么想问他的吗？

生2：请问，为什么要用总数加上12本呢？

生1：总数加上12本，也就是把小宁少的12本补上，这样就和小春相等了。

生3：这种方法我们可以叫"补少"。（板书：补少）

生4：这道题还可以这样解答，把小春比小宁多的12本，平均分成两份，每份6本，将其中的一份送给小宁，这样两人的本数也就相等了。总数72本，这时两人分别是36本，那么小宁原来30本，小春原来42本。

师：你的这种方法，叫什么呢？

生4：移多补少吧。（板书：移多补少）

4. 引导检验

师：同学们真棒！想出了这么多方法，那么算出的结果到底对不对呢？我们还需要检验，该怎么检验呢？

生1：把得数带入原题。

生2：可以看看小春和小宁总本数是不是72本。

生3：还要看小春的本数是不是比小宁多12本。

师：是的，检验时要看答案是不是符合题目中的所有条件，像这道题既要看两个数量的和是不是72，又要看它们的差是不是12，这样才能确定答案是否正确。

（思考：借助线段图解决实际问题是重点，也是画图策略的真正要义。通过图与文字的比较，让学生体验画图的直观简洁与策略价值。继而，引导学生借助线段图从不同的角度分析数量关系，得出解决问题的不同方法，既凸显了画图策略的价值意义，又体现了解决问题方法的多样化。同时，还突出检验环节，注重了学生解决问题过程的完整与规范，使学生获得解决问题的成功体验。）

5. 观察比较

师：老师也带来了几幅图（见图1），你能看懂吗？分别用的是哪种方法？（课件演示）比较这三种方法，你有什么发现？

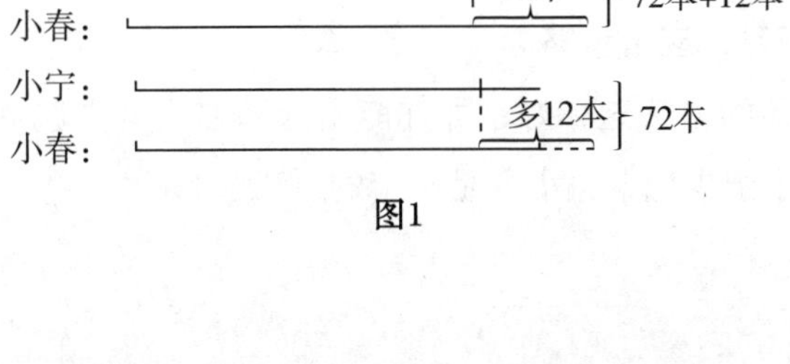

图1

生1：它们都有除以2。

生2：它们都是把两个不相等的量变成两个相等的量。

生3：第一种方法中，总量减少了12本；第二种方法中，总量增加了12本；第三种方法中，总量没变。

师：是的，看起来是不同的三种方法思路，其实在本质上还是一致的，都是把不相等的数量想法变为相等的，从而使问题得到解决。

（思考：引导学生借助线段图，对于几种不同解题方法的思路进行对比分析，既激活了学生的策略思考能力，又深化了学生画图的策略体验。同时，还突出强调了变与不变的数学思想的渗透，体现了数学学习的意义。）

（三）回顾反思，内化策略

师：同学们，回顾刚才的学习过程，我们是怎样解决问题的呢？

生：我们先画了线段图，整理出题目中的数学信息，用图来表示条件与问题，帮助我们理解题目的意思，再分析数量之间的关系，找到解决问题的方法，然后列式解答，最后还要检验。

师：是的，在解决这个问题时，我们先要理解题意，分析数量关系，再列式解答，最后检验反思。那么，你觉得画图的方法好吗？好在哪里呢？

生1：画线段图能使题目中的数量关系更直观、更清楚。

生2：通过线段图分析数量关系，更容易找到解题的方法。

生3：线段图可以帮助我们更好地理解解题的方法思路。

（思考：引导学生回顾学习的过程，能够帮助学生反思解决问题的得与失，进一步积累解决问题的经验，促进策略的内化。组织学生讨论交流，进一步明晰画图策略的价值意义，感悟直观化的数学思想，增强解决问题的策略意识。）

（四）巩固练习，应用策略

师：既然画图的方法这么好，那你能用这种方法解决这个问题吗？（替换条件为：小春比小宁少12本，小春是小宁的3倍）

（学生选择条件，独立画图，列式解答。）

师：哪位同学来分享一下你的解题过程？

（指名交流）

（思考：策略的形成需要不断应用练习。组织开放性的练习环节，让学生自主选择，交流分享，促使学生巩固形成完整的解题经验，进而把已积累起来的方法经验上升为策略，获得对画图策略的深刻体验。）

（五）全课总结，建构策略

师：同学们，今天我们学习了用画图的方法解决问题，其实呀，这种方法我们早就接触过了，请看：（课件出示）

（1）二年级时，通过画一画、圈一圈，认识了一个数是另一个数的几倍。

（2）三年级时，解决实际问题，经常要画线段图或示意图来表示题中的条件和问题。

（3）四年级上学期，学习探索周期排列的规律时，画图表示实际物体以及排列的顺序，找出规律。

（让学生自由说一说，感受画图的优越性。）

师：由此可见，画图这种方法使用非常广泛，能够帮助我们很容易地解决问题，在数学上，我们就把它叫做解决问题的策略。（完善课题）在以后的学习中，我们还会经常用到画图的策略，来帮助我们分析解决问题。今天这节课就上到这里，下课！

（思考：策略源于经验，引导学生联系以前所学，唤醒学生已有的策略经验，完善学生的策略认识与理解，建构起画图的策略模型，促使学生原有模糊浅显的认知趋于清晰明朗，使原有零碎散落的经验趋向完整规范，逐渐提升为策略思想方法。）

发展数学思维　渗透思想方法

——《解决问题的策略——列举》教学实践与思考

【教学内容】

苏教版义务教育教材数学五年级上册第94～95页例1和"练一练"。

【教学目标】

（一）使学生经历用列举的策略解决简单实际问题的过程，能运用列举的策略找到符合要求的所有答案。

（二）使学生进一步感受适用列举策略解决的实际问题的特点，渗透思想方法，培养学生思维的条理性和严密性，提高学生分析问题、解决问题的能力。

（三）使学生主动参与探求问题解决途径的活动，积累解决问题的经验，增强解决问题的策略意识，获得成功体验，提高学好数学的信心。

【教学重难点】

重点：能对信息进行分析，用列举的策略解决实际问题。

难点：在列举过程中，学习合理分析问题与恰当运用的策略能力，进一步发现简单的数学规律。

【教学准备】

课件、学习单。

【教学过程】

（一）情境引入，感受策略

师：同学们知道这是哪里吗？（课件播放视频）

生：黄海森林公园。

师：对，今天咱们就走进去看看。现在都流行网络购票，我通过手机购买

了公园门票，到了景区门口，要在自助取票机上输入验证码才能取到票，验证码是什么呢？（课件出示）

生：四位数。

师：下面老师要考考大家，看谁最聪明。给大家个提示，第一位数字是9，其他的三个数字是2、5、7，猜一猜验证码可能是什么？

（指名学生回答，教师有规律地板书：9257、9275、9527、9572、9725、9752。）

师：真被大家猜中了，就是其中的9527，掌声祝贺自己精彩的表现。好的，票成功取到了，下面就一起走进森林公园，来一次愉快的数学之旅吧。

（思考：从学生熟悉的网络购票情境引入，激活起学生已有的知识基础，通过猜取票验证码的活动，让学生经历数字的排列与组合过程，初步体验有序列举的特征与价值。）

（二）自主探究，体验策略

1. 探究方法

师：森林公园里要建一个海洋球场，我们大家一起来帮帮忙。（课件出示：在儿童乐园里，利用22根1米长的挡板，围一块长方形海洋球场，怎样围面积最大呢？）

（指名学生读题。）

师：读完题后，你能从中知道些什么？（预设：①周长是22米；②长加宽等于11米；③有好几种围法；④要求面积最大。）

（学生讨论，自由说一说。）

师：你能说出其中的一种围法吗？

生：长是7米，宽是4米。

师：还有其他的围法吗？想一想，在小组里和同学说一说。

（学生交流讨论不同的围法。）

师：想一想，怎么解决问题呢？把你的想法记录在学习单上。

（学生独立完成，教师巡视。）

2. 对比完善

（投影展示学生作品）

作品1（见图1）：

长（米）	10	9	8	7	6	5	4
宽（米）	1	2	3	4	5	6	7
面积（平方米）	10	18	24	28	30	30	28

图1

作品2（见图2）：

长（米）	9	8	6	7			
宽（米）	2	3	5	4			
面积（平方米）	18	24	30	28			

图2

作品3（见图3）：

长（米）	10	9	8	7	6		
宽（米）	1	2	3	4	5		
面积（平方米）	10	18	24	28	30		

图3

师：观察比较这三个作品，你有什么想说的？

生1：1号作品围法有重复的情况。

生2：2号作品有遗漏，少了一种围法，顺序还有点乱。

生3：相比之下，3号作品围法很全，而且是按照一定的顺序排的。

（趁机板书：有序。）

师：你喜欢哪一个呢？为什么？

生：第三种，按照一定的顺序列出来，就能做到不重复，也不遗漏。

（板书：不重复 不遗漏。）

师：真好，同学们学会了有序思考，这是学习数学的好习惯。下面请大家修改完善学习单，并找出最合理的答案。

（学生完善表格，解决问题。）

师：像这样的方法，数学上叫做列举，这就是我们今天要学习的内容。

（板书课题）

（思考：引导学生运用已有知识、经验自主解决问题，通过观察比较，感知列举策略的基本思考过程与方法，体会运用列举策略解决问题的价值、意义，并把具体的解题方法提炼为解决问题的策略，积累起相应的解题经验。）

3. 问题拓展

师：刚才同学们通过列举找出了长方形球场的所有围法，其实在这里面还隐藏着一个很有价值的数学规律呢！请大家仔细观察表格中的数据（见表1），你有什么发现？

表1

长（米）	10	9	8	7	6
宽（米）	1	2	3	4	5
面积（平方米）	10	18	24	28	30

生：周长一定时，长和宽越接近，面积就越大；反之，面积就越小。

师：是这样的吗？太厉害了，一个重要的数学规律，就这样被大家发现了。我们一起来看一看。

（出示长10厘米，宽1厘米的长方形，让学生比画形状；再出示长9厘米，宽2厘米的长方形，让学生比画形状；依次出示，引导学生想想画画……然后课件出示相关的图形。）

师：请观察这些长方形的形状，你发现了什么？

生1：我发现，围成的图形越来越接近正方形了。

生2：是的，这些长方形的长和宽越接近，面积就越大。

生3：那面积最大的是哪个？是不是正方形呢？

师：这位同学提出了一个猜想，（板书：猜想）对不对呢？咱们要干吗？

生：需要验证一下。（板书：验证）

师：如果现在利用20根1米长的挡板，围长方形海洋球游乐场，怎样围面积最大？想一想，有几种围法，哪种围法面积最大？

生：把几种情况都列举出来，再算一算，就知道了。

［共同完成表格（见表2），课件出示。］

表2

长（米）	9	8	7	6	5
宽（米）	1	2	3	4	5
面积（平方米）	9	16	21	24	25

师：实践证明，这位同学的猜想是正确的，就请你用数学的语言来完整地说一说。

生：长方形周长一定时，长和宽越接近，面积就越大；围成正方形时，面积最大。

师：真好，我们学习了列举的策略，还顺带发现了这样一个规律。课后，同学们有兴趣可以再举一些例子来验证。

（思考：引导学生对例题做进一步的观察与思考，借助图形引发想象，使学生学会从数据分析中寻找数学规律，让学生经历"猜想—验证"的研究性学习过程，锻炼归纳推理解决问题的能力，发展学生的数学思维，使学生进一步感受列举策略的意义与作用，渗透数形结合的思想方法。）

4. 回顾反思

师：同学们，回顾解决问题的过程，想一想，什么样的问题适合用列举的策略来解决？列举时要注意些什么？

生1：当问题的答案可能有许多种情况时。

生2：要从多种情况中找出最合理的答案时，可以用列举的策略来解决。

生3：列举时要做到有序、不重复、不遗漏。

5. 激活经验

师：其实呀，在以前的学习中，我们就接触过列举的策略。比如，在一年级学习数的分与合时，为了找到所有的答案，需要一一列举出来；在二年级学习三个数字组数时，因为答案不唯一，我们也用到了列举；三年级学习小正方形组合拼不同的长方形，也用到了列举。

（课件出示相关内容，引导学生回顾反思。）

师：是啊，以前我们就用过列举的方法解决问题，只不过没有上升到策略的高度，现在你明白了吗？（教师在策略两个字下面画上着重号）

（思考：回顾与反思是内化策略的有效手段，通过回顾解决问题的过程，引导学生加深对列举策略应用过程的认识，丰富策略体验。同时，联系以前所学，有效激活学生的已有知识经验，使学生进一步明晰列举策略的特点与价值。）

（三）应用练习，内化策略

师：森林公园里还有一个好玩的地方——电影院，里面放的是3D电影，我们一起去瞧瞧。

课件出示：3D电影每隔一段相等的时间放映，已经知道上午9:00、9:40、10:20和11:00放映（中间不休息）。下面哪些时间也会放映。在合适的时间上打"√"。

13:00　　　　14:00　　　　15:40　　　　16:00

（学生讨论，再组织交流。）

师：这段话里有哪些数学信息？读懂了吗？

生：每隔一段相等时间。

师：请同学们想一想，用什么方法解决问题？再写一写，把你的想法写在学习单上。

（展示交流。）

师：你是怎么解决的？为什么要列举？

生：因为播放电影的时刻有很多，所以把它们一一列举出来，再对照得出答案。

师：真好！把多种可能逐个列举，就能很容易地找到答案。那么列举时要注意什么呢？

生1：要算对间隔时间。

生2：有序、不重复、不遗漏。

师：同学们，森林公园里不仅有好玩的、好看的，还有好吃的，下面到森林餐厅去享用美食吧。

（课件出示：森林餐厅供应的荤菜有3种，素菜有4种，选一种荤菜和一种素菜，一共有多少种不同的搭配？）

（学生自主完成，再展示交流。）

生1：我直接利用老师提供的图片连一连，一共有12种。

生2：我是把所有的荤素组合依次填在表格里，发现有12种。

师：真好！这个同学只写了一个算式3×4=12（种），什么意思呢？

（学生讨论：1种荤菜搭配4种素菜，共有3种荤菜，所以有3个4的搭配法。）

师：是呀！虽然他只列出了一个算式，其实是把所有情况列举在了心里，用一个简单的算式表示出来了，太厉害了！给他掌声！看来在用列举解决问题的时候，有多种方法与表现形式，但本质都是列举的思想。当然，我们还要优化，寻求最简洁、最容易的方法。

（思考：借助不同的问题情境，放手让学生自主运用列举策略来解决实际问题，使学生在对比中进一步巩固对列举策略的认识，充分积累解决问题的经验，增强解决问题的策略意识。对于餐厅荤素搭配的问题解决，注重学生解决问题方法的多样化，引导学生分析比较，感悟抽象的数学思想，促进学生数学思维的深入，丰富策略应用体验。）

（四）回顾总结，形成策略

师：同学们，回顾这节课的学习，你有什么收获呢？

生1：今天学习了用列举的策略来解决问题。

生2：有多种情况或者答案不唯一时，要用到列举的策略。

生3：列举时要注意做到有序、不重复、不遗漏。

师：是啊，老师把大家说的整理了下，请看……

（课件出示：解题策略千百种，一一列举显神通。详列细举不重复，条理清楚不遗漏。）

师：今天，同学们的表现都很棒！在我们生活中，经常运用列举的策略，可以使复杂的问题变得简单，希望大家在以后的学习中，学会用策略解决更多的数学问题。

（思考：通过全课的回顾总结，让学生自主整理，建立起列举策略的规范完整认识，并经教师的总结提炼形成策略模型，进一步明确列举策略的价值意义。）

总评：

这是一次成功的策略主题公开教学。教师由学生熟悉的生活情境提出问题，引导学生自主探究，分析与解决问题。在解决实际问题的过程中，既注重激活学生的已有知识经验，综合运用已学策略，又突出了列举策略的感受体验，积累丰富的解题经验。具体来说，主要表现在以下几方面：

一是以游玩黄海森林公园为主线索，串联了网络购票、设计游乐场、观看3D电影、餐厅美食等学生熟悉的问题情境，较好地激发了学生的内需与探索欲，通过一个个问题的分析解决，有层次地引发学生对列举策略体验的逐步深入。教学过程自然流畅，逻辑性强，富有整体感。

二是对于主问题情境的解决，发掘处理深入到位。从设计长方形游乐场的问题引入，让学生自主探究有多少种围法，感知列举策略的基本思路与方法，积累丰富的解题经验，体会列举策略的价值意义。可贵的是，教者没有仅止步于此，而是引导学生进一步探究列举出的数据，借助图形帮助学生直观地分析数据，使学生发现数据背后隐藏的数学规律。既让学生完整地经历了研究性学习的过程，充分发展了学生的数学思维，又渗透了数形结合的思想方法，体现了数学课应有的"数学味"。

三是注重了策略的形成与内化。课始通过"猜想取票验证码"的游戏，很好地激活了学生已有的关于数字排列组合的知识经验，激发起学生的学习兴趣。继而，对设计游乐场的主问题进行一而再地探究，逐步加深了学生的策略体验，并明晰了列举策略的特点与价值。进而，借助观看电影时间与餐厅美食搭配两个情境问题的解决，让学生进一步积累解题经验，丰富策略体验，内化形成一定的策略意识。同时，教者还组织了两次回顾反思，让学生联系以前所学，总结本课学习，进一步明确策略特征，建构策略模型，感悟策略思想。

激活 唤醒 建构 内化

——《解决问题的策略——转化》教学设计与思考

【教学内容】

苏教版义务教育教材数学五年级下册第105～106页例1及"练一练"。

【教学目标】

（一）使学生初步学会运用转化的策略分析问题，并能根据问题的特点确定具体的转化方法，从而有效地解决问题。

（二）使学生在对解决实际问题过程的反思中，感受解决问题策略的特点和价值，进一步培养学生思维的条理性和严密性。

（三）使学生进一步积累解决问题的经验，增强解决问题的策略意识，获得解决问题的成功经验。

【教学准备】

每个学生一个信封（内有两个不规则图形、一把剪刀）、学习单、课件。

【教学过程】

（一）谈话激趣，导入新课

同学们，知道我们今天学习什么内容吗？对，解决问题的策略，我们以前学习过，还记得吗？想一想，我们都学习过哪些策略？（让学生自由说）

学习策略是用来解决问题的，那么今天我们要解决什么问题呢？（板书课题）

（思考：开门见山，直接揭示课题，引导学生回顾以前的策略学习，激活已有的知识学习经验，触发新的学习内需，初步感受学习策略的意义。）

（二）探究实践，体验策略

1. 观察讨论

（课件出示例题图）创设生活情境，引导学生观察情境图，讨论提出问题：猜一猜，哪个面积大一些呢？

让学生自由回答，并引导学生思考进一步比较大小的方法策略。

2. 自主实践

教师发放学具，课件出示活动要求：请同桌两个人合作，想办法比一比，哪个图形的面积大？

学生自主操作实践，同桌合作互助。

3. 交流展示

组织引导学生汇报交流。

鼓励学生呈现不同的转化方法，并说一说是怎么想的，如何做的。

4. 回顾反思

（课件出示转化前后图）引导学生回顾刚才的探究过程，组织讨论：我们为什么要这样做呢？我们是怎样做的，运用了哪些方法？什么变了，什么没有变？

（板书：复杂—简单。）

5. 体验练习

（课件出示学习单第1题，见图1、图2）明明和冬冬设计了不同的花圃图案，请问，他们的面积相等吗？

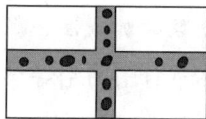 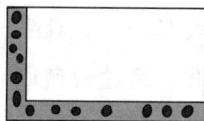

图1　　　　　　　　　　图2

学生自主完成练习，教师组织集体讲评。

（思考：策略为问题而生，亦为问题而至。解决问题需要策略，问题解决形成策略。从"比较两个不规则图形面积的大小"问题入手，放手让学生自主探究实践，互动质疑交流，让学生在一个个问题的思考与解决中，初步感受转化策略的特点与解决问题的过程。继而，用经典的"三问"（为什么、是什么、怎么样）激活学生的思维，触及转化策略学习的关键点，引导学生做深入的回顾与反思，使学生再次感受转化策略的完整过程与特点，逐渐形成一定的策略意识。进而，安排学习单第1题的体验练习，让学生在解题过程中，进一步感受转化策略的意义与价值，初步形成应用策略自觉。）

（三）联系旧知，丰富策略

1. 平面图形面积公式推导

引导学生回顾以前所学，关于平面图形面积公式的推导，提出问题：在以前的数学学习中，我们是否运用过这种方法解决类似的问题呢？

学生独立思考，小组讨论，组织交流。

（板书：未知—已知）

2. 联系其他知识的学习

组织学生进一步联系旧知，思考讨论：有没有运用过类似方法来解决其他问题？

（课件出示相关知识，引导学生联系交流。）

小结：像这样，把复杂的变为简单的、未知的变为已知的方法，我们数学上就叫做转化策略。（完善课题板书）

（思考：策略源于经验，策略高于经验。学生在以前的数学学习中，有学习策略的经历，运用过转化的方法手段来解决问题，具有较为丰富的经验和体会，如低年级的算减想加、小数乘除法、分数的加减法、解方程、平面图形面积公式推导等。因此，通过回顾以前所学环节，着力引导学生联系旧知，唤醒学生已有的转化策略经验，完善学生对转化策略的认识与理解，建构转化策略的思想模型，从而使原来模糊浅显的转化策略趋于清晰明朗，使原来零碎散落的转化策略趋向完整规范，使原来相对具体单一的转化方法技巧升格为转化策略思想方法。）

（四）应用策略，解决问题

1.（课件出示）学习单第2题

芳芳设计了这样一个花圃，打算给花圃围上栅栏，请你帮助算一算，需要多少米的栅栏？（见图3）

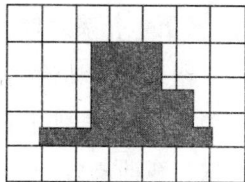

图3

（讨论理解题意，学生自主完成，集中反馈讲评。）

2.（课件出示）学习单第3题

这几位同学设计的花圃图案是这样的（见图4、图5、图6），你能用分数表示吗？

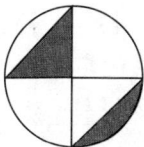 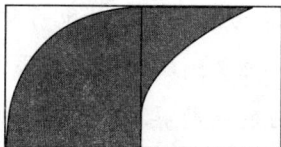 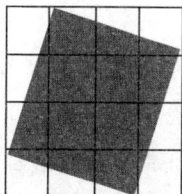

图4　　　　　　　　图5　　　　　　　　图6

教师带领学生逐题解答，集体讲评，课件演示转化过程，重点分析图6这道题，引导学生用不同方法与思路解决问题。

小结：解决问题的方法可以转化，解题的思路也可以转化。

（思考：策略的形成需要经历应用、反思、再应用、再反思的过程，设计安排不同类型的应用练习，意在让学生在解决问题的过程中，充分感受转化策略的特点与价值，积累解决问题的实践经验。在学生解决了两个等积转化问题后，安排学习单第2题等长转化的练习，让学生换个方向来解题，训练培养学生的解题能力，也更加丰富了转化策略"变中不变"的内涵。学习单第3题，让学生在说一说、议一议、辩一辩的过程中，巩固对转化策略的认知，突出强调解题的灵活运用。尤其对第3小题的处理，更是注重学生的数学化理解，让学生估一估，猜一猜，感悟转化策略的价值魅力，进一步增强策略意识，获得解决问题的成功经验。）

（五）拓展延伸，内化策略

组织学生讨论生活问题，引导学生运用转化方法思想解决生活中的问题。

（1）（课件出示）如何测量一张纸的厚度？怎样测量一个人的腰围？讨论揭示：化曲为直。

（2）教师提出：我国古时候也有这样的事例——"曹冲称象"的故事，让学生说一说，再组织学生交流。（板书：化整为零）

（3）（课件出示）"巧木匠称地图"的故事，让学生读一读，体验感受转化策略的神奇。（板书：化面积为重量）

（4）组织学生课堂总结，畅谈学习收获。

（思考：转化策略可以称为方法手段，也可称为思想精神，因此，把转化策略有机延伸至社会生活，拓展到其他实践领域，可以使其更具一般意义与普遍性。引导学生从数学学习的问题解决中，走向广阔的社会生活，分析、思考、感受转化策略在实际生活中的应用，巩固学生对转化策略本质的理解，如测量一张纸的厚度、测量一个人的腰围长度等。继而，又引向历史与现实，通过"曹冲称象""巧木匠称地图"的故事，让学生再次体验转化策略的文化魅力，进一步深化理解，进而内化策略为思想方法。从而，更为深刻地体悟到转化是一种方法策略，更是一种面对问题解决的理性思维。）

（文章发表于《小学数学教育》2017年第4期）

经历创造过程　享受数学乐趣

——《认识小数》教学实践与思考

【教学内容】

苏教版义务教育教材数学三年级下册第87～88页例1、例2及"想想做做"。

【教学目标】

（一）使学生由整数数位顺序表引发推想，创造出小数，自主学习小数的读法与写法，知道小数各部分名称，初步具有整数、自然数、小数等概念。

（二）使学生结合具体生活情境，借助图形与数轴，初步理解一位小数的意义，发展数感和简单的推理能力。

（三）使学生在认识小数的过程中，学习有条理地思考与表达，体会小数的现实意义，提高学习数学的兴趣。

【教学准备】

课件、学习单。

【教前思考】

教材第7单元安排了"认识分数"后，紧接着第8单元安排"认识小数"，通过十分之几的分数来引入一位小数的学习，凸显了小数的教学要基于分数教学的意图。无意中，读到张奠宙教授的关于"小数的本质"的一篇文章。其中指出：小数的价值体系是独立的，小数有着自己的概念系统。在日常生活中，小数远比分数常见与有用；小数的本质在于"位置计数法"的拓展，而不仅仅在于"十分之几"的表述。如此种种观点，激发了我小数教学的新思考。

我们是否可以从数位顺序表入手，引导学生大胆猜想：个位右边的数位是什么？会怎样？激发学生的数学"再创造"，再进一步认识小数与分数的关系，学习小数的读写及组成。尝试从小数的本质入手，借助小数的"十进位值制"特征，联系十进制分数，探究小数的意义，应该不失为"认识小数"教学的新实践。这样，既能激发学生的内在需求与探究欲望，强化小数的位置数值，使学生经历小数的产生与发展过程，借助学生丰富的生活经验，使学生自主掌握小数的读写与组成，又能明确小数是十进制分数的又一表现形式，以及小数在数位顺序表中的独立存在，体验数学知识的渊源由来，感受数学的寻"根"之乐与"再创造"之趣。

【教学过程】

（一）创造小数

师：同学们，学数学啊，首先要有数学的眼光。请看大屏幕，老师今天早上买菜用去了55元钱。（课件出示）

生：这句话中有我们数学中的数字55。（板书：55）

师：谁来读一读，说一说，这里有什么数学呢？两个"5"一样吗？有什么不同？

生：左边的5在十位上，表示5个10；右边的5在个位上，表示5个1。（趁机板书）

师：是呀，位置不同，角色就不一样。那么再有5个1，会怎样？10个1，满十进一（板书：十进），那么继续向左，是什么数位呢？又表示什么呢？

生：百、千、万……

（引导学生感受越向左，数位越高，表示的数也越大。）

师：如果这样呢？（箭头向右）会是什么呢？第一位是什么位？（板书：？）

生1：数位向右，会越来越小。

生2：个位右边是"负位"吧，或者是"零位"。

（学生有感觉，但不确定。）

师：有道理吗？大家认为呢？为什么呢？你是怎么想的？（在个位5右边板书5）那么这个"5"又表示什么呢？这个数该怎么读呢？

（学生尝试读，激起分隔内需，学生自由讨论说分隔的方式方法。）

师：大家的方法都可以，数学家也是这样想的，经过好多好多代数学家的心血智慧，后来发明了用这个小圆点来分隔，可见这多不容易啊。所以呀，我们要虔诚地面对它，请大家认真看我怎么写这个小圆点，你有什么发现？

生：我发现这个点小小的，圆圆的，还是实心的。

师：小圆点在什么位置呢？

生：这个点位于两个数字5的中下方。

（思考：借助"位置计数法"的延伸，由整数数位顺序表入手，让学生自然萌发小数的猜想，经历小数点的创造过程，符合小学生的认知规律，并强化了"十进位值制"。同时，由核心问题"小数第一位是什么位？"激起学生的内在需求与探究欲望，从而开启小数意义的探索历程。）

师：现在，这个数好读吧，谁来读呢？

生：五十五点五。

师：（板书：再加个5变成55.55）现在这个数又该怎么读呢？

生：五十五点五十五。

（立即引起部分学生质疑，感觉不对劲，但又不知正确的读法。）

师：这个55（小数点左边的）与这个55（小数点右边的）一样吗？会是一样的读法吗？

（学生有顿悟之感，体会到小数点左右两边数的差异。）

生：五十五点五五。（确认正确的读法）

师：见过这些数吗？生活中哪些地方见过？

（学生自由写小数，同伴互读，指名生读。）

师：是的，这些就是我们数学中的"小数"，今天，我们就一起来研究小数。（板书：认识小数）

（思考：对于日常生活中常见的小数，学生并不陌生，读法与写法也就不是难事。运用比较的方法，让学生自我感受小数的整数部分与小数部分的不同读法，再通过肯定已有认知学生的正确读法，教学小数规范的读与写。）

（二）探究意义

师：今天早晨，老师也碰到了小数，请看，我吃早饭买饼花去了0.5元钱（课件出示），0.5元是多少钱啊？

生：0.5元就是5角钱。

师：那么这里的0.5是多少呢？（板书：0.5）

生：（讨论）比0要大，比1要小（0.5元小于1元）。

师：你能在学习单上的长方形里表示出0.5吗？

（展示学生作品，集体交流，说想法。）

师：其实啊，我们还可以借助这样一个工具来帮忙。（课件出示数轴），认识它吗？对，它就是数学上的数轴，它可神奇了。你能找到0.5在哪里吗？

生1：（生尝试找）0.5在0与1的中间。

生2：0.5在0与1的正中间。

师：喜欢你的"正中间"，你的意思是这里吗？（课件出示）那么0.2在哪呢？0.8呢？也请你用学习单上的长方形分别表示出来。

（指名展示，交流分享。）

师：哎，同学们，仔细观察这三个长方形，其实我们就是把长方形平均分成了10份，0.5是其中的5份，0.2是2份，0.8是8份，由此我们还想到了什么？

生：分数。

师：是呀，我们前面刚学的分数，三个长方形的阴影部分也就是$0.5=\dfrac{5}{10}$，$0.2=\dfrac{2}{10}$，$0.8=\dfrac{8}{10}$。（板书）

（思考：从学生熟悉的生活情境中，引出一位小数，借助学生的已有生活经验，使学生感受小数的大小，并强化其大小的区间意识，凸显小数的实际价值。继而，借助图形和数轴，帮助学生直观地理解小数的意义，并实现小数与分母是十的分数意义的自发勾连。）

师：那么0.2、0.8在这个数轴上？你也能准确找到吗？（引导学生讨论）

生1：0.2在0与0.5之间，偏向0一些。

生2：0.8在0.5与1之间，靠近1一点。

师：（课件出示）我把0至1这部分给平均分成了10份，现在你能准确找到0.2和0.8吗？

生：第2份点就是0.2，第8份点就是0.8。

师：同学们，由前面刚学过的分数，我们可以知道这里的两份点也是$\frac{2}{10}$，五份点是$\frac{5}{10}$，八份点是$\frac{8}{10}$（课件依次出示），那么由此可以得到：$0.2=\frac{2}{10}$，$0.5=\frac{5}{10}$，$0.8=\frac{8}{10}$。依此推想0.1、0.3、0.4、0.6、0.7、0.9分别是十分之几呢？

（学生讨论，指名逐个说对应的小数与分数。）

师：这也就是说，零点几就是十分之几（板书），由此，我们数学上就把这一位（个位右边第一位）叫做"十分位"。（板书：十分位）那么，这位上的5表示什么呢？

生：表示5个十分之一。

师：是的，或者表示5个0.1，那么再加5个呢？10个0.1也就要进1了。

（思考：借助数轴，让学生找小数的位置，既渗透了小数的区间逼近思想，又强化了学生的数感培养。接着，由0.2、0.5、0.8三个小数的意义，引发其他一位小数意义的推想，从而归纳建构出一位小数意义的模型，揭示小数第一位"十分位"的名称和计数单位，经历"十分位"的创造历程，再次彰显十进位值制。）

（三）实践应用

师：同学们，刚才我们发明了小数，学会了读写，知道了它的意义，还和前面学过的分母是十的分数联系起来了。其实呀，小数在我们的生活中随处可见，请大家写一个生活中的小数。

（指名板演，集体讨论意义，并找一找在数轴上的位置。）

师：我这里也有几个小数，猜猜我的身高，请用小数表示。

生：老师身高1.7米。（板书）

师：读一读，说一说，1.7米表示什么意思？这个1.7在数轴上吗？

（学生讨论汇报：1.7米=1米7分米，1.7在数轴上的1与2之间，靠近2。）

师：其实呀，准确点说，我的身高应该是1.73米，那么这里的3又表示什么呢？

生：3厘米。

师：老师吃早饭，一块饼花了5角钱，又花了6元钱吃了一碗面，一共花了6元5角钱（板书），用小数怎么表示？是多少元？这个数又在数轴上的哪里呢？

生：6.5元。

（思考：通过熟悉的生活情境中的小数，让学生进一步理解小数的实际意义。由长度单位和人民币元、角、分的换算，让学生熟练掌握对应的互化运算，以寻找小数在数轴上的位置，训练培养学生的数感，并再次让学生体验感受小数的"十进制"特征。）

师：同学们，我们一下子认识了这么多的小数，仔细观察，你有什么发现？

（师生讨论得出：是的，这些小数都有一个小圆点，数学上我们称它为小数点。以小数点为界，左边是我们以前学过的整数，右边就是我们今天认识的小数。而且，这些小数都住在这条神奇的数轴上。）

师：我们以前还学过哪些数呢？

生：以前我们学过表示物体个数的1，2，3…是自然数，0也是自然数，它们都是整数，也都住在数轴上（课件出示）。

（思考：让学生通过观察、比较、概括等手段，自主学习小数的各部分名称，联系以前关于数的知识所学，初步形成整数、自然数、小数等概念，并借助数轴埋下进一步学习数的知识的伏笔。）

（四）总结回顾

师：同学们，通过这节课的学习，你有哪些收获？

（学生自由说收获。）

师：是的，我们今天认识了小数，还和前面学过的分数联系上了，分母是十的分数也叫十进分数（板书），今天学习的小数大多是一位小数，它还可以是两位，三位……，那么十分位后又是什么位呢？这些，我们以后会进一步学习。今天这节课就上到这里，下课！

（思考：让学生自主回顾学习历程，梳理总结学习所得，享受数学学习乐趣，既注重了知识结构的形成，又体现了个性化学习。通过小数与十进分数的联系，既让学生明确小数是十进分数的又一种表现形式，又让学生认识到小数在数位顺序表里的独立位置，并做进一步学习的延伸，以激发学生再学习的兴趣。）

让思维在观察中生长

——《观察物体》教学实践及思考

【教学内容】

苏教版义务教育教材数学四年级上册第32页的例1及"练一练"。

【教学目标】

（一）使学生通过观察、操作、比较和想象，认识物体的前面、右面和上面，会从物体的前面、右面和上面进行观察，并能正确辨认从不同位置观察得到的图形。

（二）使学生在观察、辨认、想象等活动中，发展数学思考和空间观念。

（三）使学生在参与观察活动的过程中，培养自己乐于和同学合作交流的意愿，感受学习成功的乐趣，激发对数学学习活动的积极情感和态度。

【教学重难点】

重点：认识物体的前面、右面和上面。

难点：正确辨认从不同位置观察物体得到的图形。

【教学准备】

投票箱、长方体、小正方体、课件。

【教学过程】

课前交流：

师：同学们，上课前，我们先玩个小魔术轻松一下。请看大屏幕，你看到了什么？（课件演示）

生1：有4个小正方体，上面有1个，下面有3个。

生2：下面的3个，有1个在里面，看不见。

师：如果我把这幅图倒过来，你认为上面会有几个，下面是几个呢？

生：上面应该是3个，下面是1个。

师：好的，我开始转动这幅图，看好了，不要眨眼睛哦！和你想的一样吗？眨一下眼睛再看看。

生：上面还是1个，下面还是3个，怎么回事啊？

师：为什么倒过来看，上面还是一个小正方体呢？想不想再看一次？为了方便大家观察，我给这三个正方体标上序号，再转一次。

（学生惊讶。）

师：1号正方体去哪里了呢？神奇吧！想知道其中的奥秘吗？我们需要先学会观察物体，今天这节课我们就一起来学习观察物体。（板书课题）

（思考：由观察一幅有趣的正方体直观图引入新课教学，充分激发学生的好奇心和求知欲，引导学生进入空间想象的数学思维，顺利开启学生主动探究的学习状态。）

（一）激活经验，探究观察方法

活动一：观察投票箱

1. 认识物体前面、右面和上面

师：老师带来一个投票箱，它是什么形状的？你能指出投票箱的前面、右面和上面吗？

（指名学生演示。）

师：你们都觉得这个面是前面？怎么想的呢？

生：因为这个面上印着"投票箱"三个字。

师：那么这是右面，又是怎么想的，说说你的理由。

生：我们观察的时候，这个面在我们的右边。

师：真好，我们数学上也是这么规定的：习惯上我们把写着"投票箱"三个字的这一面叫做前面；面对着前面，和自己右手方向一致的这个面叫做右面；朝上的这个面叫做上面。（板书：前面、右面、上面）

2. 讨论观察物体前面、右面和上面的方法

师：现在请看到投票箱前面的同学举手，你们看到的前面是什么样子？

生：长方形，上面有三个字——投票箱。

师：看到投票箱右面的同学请举手，那边的同学看不到右面，你们能看到哪个面？

生：左面。

师：你们想不想看看右面是什么样子？请你来看一看，你觉得这位同学观察的方法正确吗？

生1：不对，应该正对着右面观察。

生2：还应该蹲下一点，保持平视！

师：好的，谁愿意来示范一下。（指名示范）就请你说一说，右面是什么形状？跟前面一样吗？

生：右面是长方形。和前面不一样，没有字，比前面还小一些。

师：那么上面呢，看到投票箱上面的同学请举手。很多人看不到，我们可以先猜一猜，上面会是什么形状呢？

生：我猜也是长方形，中间有一个小长方形的口子。

师：想不想验证一下？站在这，观察上面，可以吗？哪里才是合适的位置呢？

（学生讨论交流。）

师：为了统一和便于交流，我们观察一个物体的上面时，通常要站在这个物体的前面，从上往下看。如果太高了，看不到怎么办呢？

生：可以站在椅子上。

师：可以的，但要注意安全哟！

3. 分组观察投票箱

师：想不想自己来观察呀？老师为每个小组都准备了一个投票箱，在观察之前请大家先看个小视频，注意听清活动要求。（播放视频）明白了吗？请组长来领投票箱。

（分组观察投票箱。）

4. 交流反馈

师：同学们，还记得你刚才看到的样子吗？老师把这几个面搬到了黑板上，你能找到投票箱前面、右面、上面分别是什么样的吗？（趁机贴出图形）

（学生讨论完成。）

师：猜一猜，没人选的这两个可能是哪个面？你是怎么想的？

生1：这是后面，因为它和前面是一样大的。

生2：这是站在右面观察上面看到的样子，我们应该站在前面去观察上面。

5. 试一试

师：请看大屏幕，这是洗衣机，你能看出是洗衣机的哪个面吗？（课件出示）

生：前面、上面、右面。

师：猜一猜，这幅图上画的是什么？看不出来啊，再给你一个提示，再来一张图。

生：电冰箱。

师：说一说，这些分别是电冰箱的哪个面？

生：上面、右面、前面。

师：是呀，从一个角度看，往往很难辨认物体的样子，从几个角度去观察，就会有比较全面准确的认识。

（思考：从观察熟悉的长方体投票箱入手，激活学生的已有知识经验，认识物体的前面、右面和上面，继而，引导学生讨论观察的方法，通过指一指、看一看、说一说，形成规范正确的观察方法，再以小组内有序观察的形式组织活动，让每一个学生都经历体验观察实践过程。然后，以看、猜、说的方式开展不同的观察练习，巩固学生的观察认知，使学生发展了空间观念，积累了活动经验，并渗透了对应的数学思想。）

活动二：观察长方体

1. 认识没有明显标志物体的前面、右面、上面

师：刚才我们观察的物体前面都有明显的标志，是大家公认的。如果碰到这样一个物体（出示实物长方体），没有标志，哪个面是前面呢？

生：和我们对着的面是前面。

师：是的，习惯上我们把朝着自己的这个面叫做前面，和自己右手方向一致的这个面叫做右面，朝上的这个面叫做上面。

2. 分组观察长方体

师：老师给每个小组都准备了这样的长方体，请组长拿出长方体，大家从自己的位置观察长方体的前面、右面、上面，把你看到的样子记在脑子里，再与小组里的同学交流。

（小组观察活动。）

师：谁愿意来分享你的想法？（现场视频直播）

生1：我看到的前面是黄色的长方形，右面是红色的长方形，上面是绿色的长方形。

生2：我看到的前面是红色的长方形，右面是黄色的长方形，上面是绿色的长方形。

师：他们观察的是同一个长方体，为什么看到的不一样呢？

生：因为观察的角度不同。

师：观察角度不同，结果就一定不一样吗？

生：也不一定。比如面对面的两个同学，虽然观察的位置不一样，但是看到的形状是一样的。

3. 小游戏

师：同学们，下面我们玩个小游戏"我说你猜"。老师在这个箱子里放了一个和大家桌上一样的长方体，你知道这个长方体是怎么摆的吗？老师请这位同学说，你们猜？

生1：我看到长方体的前面是黄色的。

生2：不能确定，有两种摆法呢。

师：请你再给大家一个提示，长方体的右面是什么颜色？

生1：好的，我看到长方体的右面是红色的。

师：现在能确定了吗？就请你去看看，哪个小组猜对了。

（指名学生查看各小组的长方体摆法。）

师：接下来，是见证奇迹的时刻！请这位同学把箱子里的长方体举起来，你们猜对了吗？掌声送给自己！

（思考：由观察投票箱实物转换到观察几何长方体，是一个很重要的"数学化"过程，也是学生空间思维的一次跨越。在前面几次比较扎实的观察活动的基础上，引导学生再次经历观察过程，并以"我说你猜"的游戏触发学生的空间想象，很好地发展了学生的数学思维，丰富了学生的活动经验，有效促进了学生的空间概念的形成。）

（二）拓展想象，发展空间观念

活动三：观察组合体（两个正方体）

1. 想一想，拼一拼

师：同学们真棒！不但会观察，还会思考呢！如果一个物体从前面、右面、上面看到的形状都一样，那么这个物体可能长成什么样子的呢？大胆想一想。

生：可能是正方体。

师：如果给你两个同样的正方体，你能拼成一个长方体吗？请小组长从桌肚里拿出小正方体，分发给你的组员，动手拼一拼。

（小组操作活动。）

2. 看一看，说一说

师：猜猜老师现在想问你们什么？

生1：有几种拼法？

生2：观察拼成的这个长方体前面、右面、上面是什么样子的？

师：你们自己能解决这些问题吗？

生：能，一共有3种拼法。

师：老师还想问你，如果从一个方向看到的是□，这两个小正方体该怎么摆？

生1：把两个正方体左右拼起来，从右面看就是□。

生2：把两个正方体前后拼起来，从前面看是□。

生3：把两个正方体上下拼起来，从上面看是□。

（课件同步出示三种不同方向的拼法。）

师：请你选一选，左右拼时，从前面、上面看到的是什么样的？前后拼时，从右面、上面看到的是什么样的？上下拼时，从前面、右面看到的是什么样的？

（课件演示，学生回答。）

（思考：引导学生通过直观思考与想象，来进行实物与视图的对应转换练习，是一个很好的发展学生空间观念的举措。由物体想视图，或由视图摆实物，不同层次的数学思考的挑战，有效地引发了学生观察的拓展想象与推理。这部分活动的安排，有利于学生循序渐进、拾级而上，不断深化对物体与相应视图之间联系的认识，使学生的形象思维能力和空间观念都得到充分的发展。）

（三）回顾反思，提升观察能力

师：同学们，这节课的学习马上就要结束了，你有收获吗？

生1：有，我认识了物体的前面、右面、上面。

生2：我知道了怎么观察物体。

生3：观察物体时，要仔细、认真，还要会思考。

师：投票箱有6个面，可我们今天只观察了其中的3个面，这是为什么呢？

生：因为相对的面是一样的。

师：有道理，同学们，我们看到投票箱的前面、右面和上面，脑海里是不是就能浮现出投票箱的样子呢？（移动黑板上三个面的贴图，分别盖住"上面、前面、右面"三个词的板书）今天的课就上到这里，下课！

（思考：组织学生回顾学习过程，能够有效引发学生反思所学，进一步深化理解，提炼观察物体的方法策略，建立完整的知识结构。进而，引导学生由投票箱三个面的观察视图，想象还原其立体形状，获得物体全面的表象认知。这是基于观察活动的思维升级，有效促进了学生观察思维的生长，并激发了学生再学习探究的兴趣。）

关注活动经验　　聚焦数学素养

——《一亿有多大》教学实践与思考

【教学内容】

苏教版义务教育教材数学四年级下册第46～47页。

【教学目标】

（一）使学生在观察、操作、测量等具体的活动中，进一步感受大数目的实际大小，积累一些数学活动经验，培养发现和提出问题、分析和解决问题的能力，增强数感。

（二）使学生在探索1亿有多大的过程中，感受与同学合作的乐趣，获得一些学习成功的体验，激发对数学学习的兴趣，树立学好数学的信心。

【教学准备】

课件、学习单、小组活动材料。

【教学过程】

（一）说一说

师：同学们，最近发生了一件大事，你知道吗？

（出示课件：霍金，著名的物理学家、宇宙学家、思想家、哲学家，被誉为继爱因斯坦之后最杰出的理论物理学家之一，于2018年3月14日逝世，享年76岁。）

师：同学们，从这条信息中，我们知道了伟大的科学家霍金的不幸离世，为其惋惜之余，更为感叹其76年的一生为人类做出的巨大贡献。那么，从数学的角度，我们如何看这76年呢？

生1：一年365天，那么76年也就是365×76=27740（天），这个数字似乎更

能显示霍金的伟大成就。[板书：365×76=27740（天）]

生2：以此类推，1天24小时，1小时60分钟，1分钟60秒，那么霍金的生命长度就是76×365×24×60×60（秒）。（板书）

师：那么到底是多少呢？请同学们用计算器算一算。

[学生计算。板书：76×365×24×60×60=2396736000（秒）。]

师：同学们，我们一起读一读这个数。

（学生自由读。）

师：现在，你有什么感受？你想说什么？

生1：这个数好大呀！原来，人的一生还是很漫长的。

生2：这个数是很大，但不要忘了，它是以秒为单位的，时间匆匆，我们要珍惜，努力让每一秒都富有意义。

师：说得太好了！是的，霍金的一生折算成秒，大约是24亿秒，这个数字仿若宇宙中密布的星辰之多，数不完，数不清，也寓意了霍金一生的贡献之巨大。

（思考：由日常生活中的文字信息，引导学生用数学的眼光去观察、分析，经过计算初步体验感受"亿"的大小，结合具体情境让学生认识到数量大小的相对性，并引发学生对人生长度与贡献的辩证思考。）

（二）数一数

师：同学们，通过前面的学习，对于亿，我们已有了一定的认识，那么一亿到底有多大呢？今天，我们就来具体感受体验一下。（板书课题）我们学数学，首先学会了数数，如果从1数到1亿，估计要数多长时间呢？谁来猜一猜。

生：应该很快吧，我猜10分钟。

师：是吗？1分钟60秒，1秒能数几下，那么10分钟能够数多少呢？

（很多学生似有感悟……）

生1：我猜要1天吧。

生2：我猜要1周时间，不间断地数，就能数到1亿。

……

师：那么到底要数多久呢？该怎么解决这个问题呢？

生1：数一数呀！看看究竟要多长时间？

生2：不行，如果真数，1秒数2下，那么这节课我们也只能数到40×60×2=4800，数不完就下课了。

生3：老师，我们可以先数到100，看要多少秒？然后再算一算，就能算出数到1亿要多久了？

师：同学们，这个方法好像可行，要数到1亿，先数到100，既不要花太长时间，也能解决问题。大家同意吗？

（学生表示同意。）

师：那么，我们一起数，数数时注意节奏，既不要过快，也不要太慢。你们数，老师计时。

（学生集体数，从1数到100，老师计时。）

师：同学们，刚才我们从1数到100，用去了56秒，那么数到1亿需要多长时间呢？请大家完成学习单（一）。

（课件出示，学习单表格，集体讲评。）

生1：这个简单，数到100要56秒，那么看1亿里有多少个100，再算一算，就知道了。一百万个100，也就需要56个百万秒，也就是56000000秒，换算成分、时、天也就是56000000÷60÷60÷24=648天。（板书）

生2：啊！1年365天，那大约需要2年时间呢，还要不间断，也就是不吃不喝不停地数，看来，1亿真够大的。

（学生很惊讶……）

师：是呀，1亿，我们说起来很简单的一个数，可真的要数一数，还真不容易呢。同学们，回顾一下，刚才解决这个问题的过程，我们真数到1亿了吗？用了什么方法？

生：我们先算数到100的时间，再通过计算，得到数到1亿的大约时间。

师：对的，要数到1亿，先数到100，再进行推算，实际上，这就是我们数学中常用的"化大为小"的思想方法。（板书：化大为小）

（思考：从学生熟知的数数活动入手，激起内需，提出问题，引发猜想，继而通过分析讨论，让学生模糊的认识逐渐清晰起来，进而借助"数—算—议"活动，把抽象的数赋以可感知的量，给学生愈加强烈的大数目感知，增强数感。同时，注重引导学生自主分析与解决问题，培养锻炼分析和计算能力，体验数学思想方法。）

（三）量一量

师：（出示实物）同学们，这是一枚1元的硬币，大胆想象，如果把1亿枚这样的硬币摞在一起会有多高呢？你有办法吗？

（学生讨论解决问题的方法。）

生：我们还用"化大为小"的办法，可以先量一量10枚1元硬币摞在一起的高度，再推算100枚、10000枚，继而推算出1亿枚1元硬币摞在一起的高度。

师：大家同意吗？好的，就请小组合作，拿出1号信封，里面有硬币、直尺，先量一量，再算一算，完成学习单（二）。

（课件出示表格，学生小组活动，合作量算，完成学习单）

师：下面我们一起来分享活动成果，哪个小组来汇报？

生：我们小组先量出了10枚1元硬币摞在一起的高度大约2厘米，再依次推算出100枚高20厘米，10000枚高2000厘米，最后推算出1亿枚高20000000厘米。

师：换算成米是多少呢？

生：200000米。（板书）

师：200000米是多高呢？同学们，能想象得到吗？如果我告诉你1层楼高大约3米，那么200000米就相当于多少层楼的高度呢？

［学生一起计算，板书：$200000 \div 3 \approx 66667$（层）。］

师：同学们，你知道世界上最高的楼有多高吗？（课件出示：世界第一高楼，哈利法塔总高度828米。）1亿枚1元硬币摞在一起的高度是多少个这样的高楼呢？

［学生再次计算，$200000 \div 828 \approx 242$（个）。］

师：同学们，1亿枚1元硬币摞在一起的高度就相当于200多个这样的高楼合在一起的总高度。告诉大家，如果真的能把1亿枚1元硬币摞在一起，那么它的高度早已冲出了我们地球的大气层，到太空中去了。现在，你能想象到它的高度了吗？和同桌说一说你的感受想法。

（学生再次惊讶，同桌交流。）

（思考：有了数数活动的经验支持，学生对于测量1亿枚硬币高度的问题解决显然有法可循，激起学生的探究欲望。通过小组的操作、测量、计算等活动，利用长度引导学生经历大数目的具体感知过程，再通过比较、分析、讨论、想象，让学生获得"1亿"的真切感受。）

（四）称一称

师：同学们，课上到这里，我想大家对"1个亿有多大"已经有了较好的感觉了。大家知道我国现在有多少人吗？（课件出示）这也是一个有亿的数，我们来一起读一读。

（学生齐读。）

师：如果每个人拿出1粒大米（实物出示），那么全国所有人拿出的大米会是多少粒？会有多重呢？请各小组拿出2号信封，数出100粒大米，到老师讲台这里称一称，然后再算一算，完成学习单（三）。

（学生小组活动，合作称算，完成学习单。）

师：好的，下面我们请这个小组来分享他们的活动成果。

生：我们小组先数出了100粒大米，经过天平称出重量大约是2克，再进行推算10000粒重200克，1000000粒重20000克，1亿粒重2000000克，也就是2000千克，也是2吨。（板书）

师：感谢这个小组的分享，同学们，那么2吨大米是多少呢？有感觉吗？如果我告诉你，一个人一天吃大米约400克，那么2吨大米可以给这个人吃多少天呢？（课件出示）请大家给算一算。

［学生用计算器计算，板书：2000000÷400=5000（天）。］

师：同学们，刚才我们称的和算的，才是1亿粒大米，就够1个人吃5000天了，那么全国14亿人，每人每天节约1粒大米，又会怎样呢？

［学生再算，板书：5000×14=70000（天），70000÷365≈192（年）。］

（学生第三次惊讶……）

师：现在你又想说什么呢？

生1：1亿真的很大，我国14亿人，真是一个很大很大的大家庭。

生2：我们每个人节约1粒米，就大约够1个人吃上200年了，反之，如果每个人浪费1粒米，那会是多大的浪费呀。因此，我们要珍惜每一粒粮食。

生3：我们一个人可能势单力薄，但全国14亿人团结起来，就是一股庞大的力量，可以抵抗任何外来的打击，所以我们一定要好好学习，学好本领。

（思考：通过学生"数—称—算—议"小组自主活动，从质量的角度，引导学生推算1亿粒大米有多重，再次感知"1亿"的实际大小，体验获得数感。同时，还强化锻炼学生的实践活动能力，使学生感受合作分享的乐趣，并加强了学生爱惜粮食、勤俭节约的品德教育，引发学生对祖国强盛的自豪感。）

（五）想一想

师：同学们，1亿有多大，现在你有感觉了吧。回顾一下，这节课学习，你有哪些收获呢？

生1：通过数一数，我知道了数一下很短，还不到一秒，但数1亿下会是一个很长的时间，将近两年呢，1亿真的很大。

生2：霍金一生大约24亿秒，看起来很大的一个数，但是时间会不经意间一秒一秒地溜走，再大的数，再长的时间，也会归零。因此，我们要珍惜每一秒时间。

师：当然，霍金虽然走到了人生的尽头，但是他为人类做出的贡献是永恒的，巨大的，是值得用"亿"来计量的。

生3：1枚硬币，1粒大米，看起来很不起眼，但赋上一个亿，那就不得了，1亿枚硬币的高度，1亿粒大米的质量，真的是让我们无法想象，"亿"真的有魅力。

师：是的，"亿"有魅力，那是因为我们用数学的眼光去看，用数学的思维去想，我们才感受到了"亿"的巨大与神奇。有兴趣的同学，课后可以继续探究，如1亿滴水、1亿张纸、1亿棵树等。今天这节课就上到这里，下课。

（思考：综合与实践活动，既要注重学生的实践操作，还要强调学生的活动经验的积累，以及思想方法的渗透。组织学生进行"想一想"的活动，就是引导学生回顾活动过程，品味活动所得，享受活动乐趣，积淀活动经验，提炼思想方法，巩固数感，培养能力，内化素养。）

作者从数学阅读、数学文化、数学学习错误资源化等角度，敏锐地抓住了新时期小学数学教学中的实际问题，进行了较为全面深入的研究与实践，形成了较高质量的研究报告与论文，具有一定的理论功底与实践水平。

研究论文：小学数学学习
错误资源化的有效策略

学生在课堂活动中的状态，包括他们的学习兴趣、积极性、注意力、学习方式和思维方式、合作能力与质量、发表的意见和建议与观点，提出的问题与争论乃至错误的回答等，无论是以言语，还是以行为、情绪方式的表达，都是教学过程中的生成性资源。由于学生的知识背景、思维方式、情感体验、表达形式各不相同，在数学学习过程中出现错误是很正常的，其不可预见的学习错误能够真实反映出学生学习过程中的思维状况，是学习的必然产物，具有宝贵的教学研究价值。面对学生的学习错误，教师如何能够将其"资源化"，变废为宝，有效地加以利用，实施再教学，显得尤为重要。因此，教师要以"资源"的眼光看待学生的学习错误，积极引领学生充分展现数学思维过程，引导学生探索错误产生的内在原因，寻求有效策略，引发学生的数学学习实现"再创造"。

一、积极发现"错误"，引领学生在寻错中反思学习

荷兰数学家弗赖登塔尔说过："反思是数学的重要活动，是数学活动的核心和动力。"小学生的数学学习，正确可能是一种模仿，但错误却是一个不可复制的经历，真实而自然，是通往正确和成功的必经之路。学生的学习错误不可能单独依靠正面的示范和反复的练习得以纠正，必须有一个"自我否定"的过程，而"自我否定"又以自我反思做前提。因此，在课堂教学中教师要积极引导学生自主发现错误，使学生学会从不同角度审视问题、剖析错因、寻找解决问题的方法，在实践中发现，从错误中反思，从而实现对知识的再学习。

例如，在教学小数除法时，计算并验算：36.8÷2.6。让学生尝试计算，结果会出现不少错误，有的学生得出的商是1.4，有的学生得出的余数是4。针对这一较为普遍而典型的错误，教师及时把它呈现出来，引领学生自主观察、探究，先判断答案是否正确，再追问："你是怎样发现错误的？"学生在问题的启发引导下，积极主动地进行探索，很快发现了多种判断错误的方法：验算商×除数+余数≠被除数，说明商是错误的；余数4比除数2.6大，而余数不能比除数大，显然余数是错误的，等等。接着，带领学生分析反思错因，寻找正确的商和余数。引导学生从算理和法则的角度看，被除数和除数同时扩大了10倍，商不变，但余数随着扩大了10倍，所以正确的余数应把4缩小10倍，得0.4。这样，既从法则的角度让学生知道计算的方法，又从算理的角度让学生真正明白错误的原因，知其然，又知其所以然，掌握算法，理解算理。

特级教师于永正说过："课堂上学生犯错误不要紧，只要不犯同样的错误。"课堂教学是动态生成的，教师要有错误资源化的意识，把学生的学习错误当作教学的宝贵资源，在课堂上有意识地引导发现，剖析反思，真正把"错误"当作一种生成性的教学资源来开发和利用。教师要积极引导学生在自主寻错的过程中，解决问题，反思学习，深化对知识的理解和掌握，培养学生发现问题的意识和解决问题的能力。

二、充分辨析"错误"，引导学生在析错中发展思维

德国哲学家黑格尔说过："错误本身是达到真理的必然环节，由于错误，真理才会被发现。"错误是正确的先导，是通向成功的阶梯。面对学生学习中的错误，教师要善于挖掘错误中蕴含的创新因素，用欣赏的眼光赞赏和肯定，用积极的心理暗示鼓励和期待，在学生出错处给予恰当而巧妙的引导，点燃学生思维的火花，引导学生正确认识错误，组织讨论辨析，让学生从析错、纠错中突破学习瓶颈，完善认知理解，发展数学思维，享受理性思考的快乐。

例如，教学解决问题：4名工人3小时加工120个零件，某车间有12名工人，他们一天8小时能够加工多少个零件？多数学生能够根据归一应用题的解题思路列式解答，算式为120÷4÷3×12×8=960（个）。有一位学生却列式为120÷4×8×（12÷4）=720（个）。教师发现该学生的解法虽错但有创新之处，便引导学生观察、辨析、讲评。在众多学生一致认为错误时，教师请该生

自己辩解，大胆说出想法："这个车间的人数是条件中人数的（12÷4）倍，前两步表示4名工人8小时加工的零件。"这时该同学似有顿悟地说："120÷4不正确，应改为120÷3×8×（12÷4）。"老师及时表扬了这个学生善于思考的精神，同时也组织其他学生充分讨论，感受其方法的创新之处。在该生错误解法的启发下，其他学生的思维也被激活了，不再限于"常规思路"，各自从不同的角度进行了再思考，并列出了120÷4×12×（8÷3），120×（12÷4）×（8÷3）等多种解法。学生的思维得到了充分的迸发，学生沉浸在数学思考的成功喜悦里。

学生是数学学习活动的主体，学生在学习活动中犯错的过程，也是一种尝试和创新的过程。学习是从问题开始的，甚至是从错误开始的，学生出错了，教学就会有生成。通过"尝试错误"的活动，引导学生比较、思辨，学生在"纠错"欲望驱使下的探究活动，更能体现数学课堂的鲜活性与生成性。小学数学学习的过程是一个"再创造"的过程，教师应最大限度地满足每一个学生的需要，最大可能地挖掘每一个学生的智慧潜能，留给学生充分"讲理"的辨析机会，顺应学生的思维，探究错误背后的创新因素，细心呵护学生创新的萌芽，适时、适度地给予点拨和鼓励，发展学生的思维，彰显数学教学的思辨色彩。

三、巧妙诱导"错误"，引导学生在纠错中深化理解

常言道："教室就是学生出错的地方。"学生是伴随着学习错误一起成长的。因此，教师在课堂教学中，面对学生出现的错误，既要有"容错"的气度，还要积极思考如何利用好这些"错误"，甚而，针对学生易犯的错误，人为地设置一些"陷阱"，诱导学生"犯错"。当学生误入"陷阱"还不知所以，扬扬自得时，适度指出他们的错误，引导他们辨别分析，纠错改错，促其幡然醒悟，以达到"愤悱"的最佳学习状态。利用学生学习的错误，引发学生的认知冲突，促使其对已完成的思维过程进行周密而有批判性的再思考，能够深化学生对知识的理解。这样，不仅有利于数学问题的解决，更有利于学生数学素养的成长。

例如，教学圆柱和圆锥的体积关系时，教师组织学生分组实验：在空圆锥里装沙子，然后倒入空圆柱中，看看几次可以装满。学生分小组操作，然后

讨论交流圆柱和圆锥体积之间的关系。学生实验结论很多："我们将空圆锥里装满沙子，倒入空圆柱中，三次正好装满，说明圆锥的体积是圆柱的三分之一""我们认为圆锥的体积是圆柱的四分之一，因为我们倒了四次才差不多装满""我们不到三次就将圆柱装满了"等等。面对学生纷繁不一的结论，教师适时引导说："答案怎么会各不相同呢？老师也来做一做，你们可要仔细观察啊。"于是，教师用空圆锥装沙子，倒入空圆柱中，两次装满。"这又是怎么回事呢？"引发了学生的热烈讨论，最后发现原来实验用的圆柱和圆锥大小不一。重新调换了圆柱与圆锥再实验，结果三次正好倒满。经过山重水复，学生柳暗花明，恍然大悟：只有在等底等高的情况下，圆锥的体积才是圆柱的三分之一。由此，学生对于以圆柱圆锥等底等高为前提条件，圆锥的体积是圆柱体积的三分之一这一规律，在教师的巧妙诱导中再度强化了认识，深化了理解。

英国心理学家贝恩布里奇说过："错误人皆有之，作为教师不利用是不可原谅的。"数学错误是伴随着数学学习而产生的。对于错误，教师要站在数学资源的高度上予以审视，挖掘内在的"创新点"，寻求"资源化"策略，因势利导，巧妙灵活地实施于数学教学中，发挥数学错误的内在价值，为学生的数学学习"再创造"提供适合的契机，促进学生的有效学习。在数学知识的学习探索中，学生有错误是正常的，也是难免的，教师要积极关注学生学习的情感体验，陪伴学生经历学习错误资源化的过程，发展数学的理性思维，深化学生对知识本质的理解，努力彰显"错误也是数学课堂真实的美丽"。

（文章发表于《教育周报》教研版2018年第28期）

研究论文：小学数学阅读教学的有效策略

在数学学习过程中，数学语言水平对学习效果与质量有着重要影响。一般而言，数学语言水平不高的学生，难以敏锐地捕捉数学信息，不能快速进行思维转换，影响其对知识的理解和掌握。《数学课程标准》注重学生自主学习能力的培养，而阅读能力是自主学习的基础保障。因此，在数学教学中，教师更需要加强对学生数学阅读能力的培养，指导学生阅读的方法，促使其养成良好的阅读习惯，提高阅读能力，积淀数学素养，为终身学习打下良好基础。

一、优选教学策略，培养学生阅读热情

莎士比亚认为："学问必须合乎自己的兴趣，方可得益。"在小学数学教学中，要顺利展开阅读教学，首先需要培养学生阅读的热情和兴趣。这就需要教师抓住小学生的认知特点和心理特征，采取多种方法和多样化的形式，精心组织多姿多彩的阅读活动，引导学生主动阅读。

1. 设置阅读情境，激发学生阅读热情

问题是引导学生主动思考的有效手段。在教学中，教师可以围绕教学内容，考虑学生实际情况，依托教材，巧妙设置难度适中且具有启发性、针对性、思考性的问题情境，引导学生主动阅读。如教学苏教版五年级上册《认识负数》时，教师可精心设置问题情境，以问题驱动学生阅读。在教学过程中，展示和学生已有知识相矛盾的问题，引发认知冲突，促使其主动阅读。

2. 开展趣味阅读，竞赛激趣

教师可组织多种趣味阅读比赛，激发学生的学习需求，调动学生阅读的积极性。比如，"谁是高明医生"的趣味阅读活动：学习苏教版六年级下册《百分数的应用》后，教师可展示一些典型错题，让学生找出错在什么地方，说说

错误原因，怎样更正。然后，教师适当评价学生的答题情况。又如，"谁是预习小能手"的趣味阅读：学习苏教版六年级下册《圆柱与圆锥》前，引导学生对本节内容展开自主预习，记录预习的体会，譬如了解了什么，某道题是否还有其他解法，举例说明还有哪些疑惑之处。而后，教师结合学生的预习情况和课堂表现，选出预习小能手，提高学生阅读和预习的热情。又如，"考眼力游戏"：呈现一些融合图文、数据符号的数学材料，要求学生根据自己的记忆力写出材料，同桌相互评价，看谁写得最快、最准确。这样，通过这些趣味阅读活动，唤起了学生的阅读热情，训练提高了学生的读题能力、阅读分析能力和自主预习能力。

二、加强阅读指导，培养学生阅读能力

小学生缺乏自觉性，同时受知识水平限制，又缺乏正确的阅读方法，这会影响学生阅读的效果，也易影响学生阅读的热情。因此，在小学数学教学中，教师要注重阅读方法的指导，引导学生有针对性地阅读，从而培养学生的数学语感。

1. 优化阅读环节，合理指导阅读

教师应根据教学实际安排好阅读的内容与时间，明白何时何处该让学生自主阅读。比如，创设情境时，引导学生阅读已给材料，快速进入思考学习状态。又如，学习新概念时，引导学生自主阅读。数学术语富有逻辑性、语言抽象且高度凝练，对于小学生来说会有些拗口。因此，在学习数学定理或概念时，如加法交换律、乘法结合律、不等式定义、方程定义等，教师分析讲解后，引导学生通过反复朗读来强化理解与记忆。再如，读例题，在数学学习中，例题是必不可少的。教师首先要引导学生读懂例题，看还存在什么疑问，然后教师予以具体指导，解惑释疑。解题后再回顾阅读一遍，加深理解。还如，阅读解题过程，更好地理解解题思路。另外，还需要注意阅读的时机与形式。在指导学生阅读时，教师需要抓住阅读时机，优化阅读形式，让指导更有成效。当学生出现理解障碍时，教师领读，断句指导，让学生更好地理解消化知识。小组讨论交流时，鼓励学生大声朗读，积极发言，交流辨析。

2. 培养阅读习惯，促进有效阅读

在小学数学阅读训练时，教师需要指导学生阅读的方法，培养学生良好

的阅读习惯。一是独立思考。在数学阅读过程中，教师需要指导学生养成独立思考的习惯，构建知识之间的联系，发掘知识的本质与规律。教学数学应用题后，教师可布置相关题目，要求学生边读边思考题中符号、字词或图表的意义，分析其中的联系，找出解题关键。例如，某种服装的原价是每套60元，现价为原价的3 / 5，现在每套服装的价格是多少元？要求学生边读题边思考，已知条件是什么，所求问题是什么，数量关系是什么，求一个数的几分之几应该运用什么方法计算等。二是手脑并用。这个过程学生需要学会一些技巧。首先，学会勾画圈点。比如，画出数学概念、定理、公式等，画出重点字词，画出不懂之处，以便质疑讨论。其次，要会画图，即会根据阅读所得的信息画一些示意图，如平面图形、直观线段图等，便于研究题意与数量关系。最后会算。在阅读过程中，引导学生边读、边思考、边计算。三是勤问。思源于疑。学生在自主阅读过程中，会发现或形成一些问题，教师要鼓励学生大胆质疑与提问，引导讨论交流，逐步提高学生的阅读分析、理解能力。

阅读是学生数学学习的重要环节，也是重要手段，数学阅读又有别于一般的阅读形式。因此，阅读能力的培养应从小抓起，针对数学学科阅读的特点，采用有针对性的教学方法，有效培养学生的数学阅读能力。

（文章发表于《广西教育》2013年第8期）

研究论文：让阅读成为小学生的数学素养

    阅读是人类社会生活的一项重要活动，是人类汲取知识的主要手段和认识世界的重要途径。谈到阅读，人们往往想到的是语文阅读。然而，随着社会的发展、科学技术的进步及数学社会化的凸显，一个人仅仅具有语文阅读能力已明显地显露出其能力的不足，如他们看不懂某些产品使用说明书，看不懂股市走势图，不能解决生活中的一些实际问题。由此可见，加强数学阅读教学研究，在数学教学中重视学生数学阅读习惯和能力的培养，就显得尤为重要。《数学课程标准》强调：注重学生各种能力的培养，其中包括数学阅读能力、数学应用能力和数学探究能力。《数学课程标准》提出的"数学阅读能力的培养"是对学生各种能力培养的一个重要方面。苏联数学教育家斯托利亚尔说："数学教学也就是数学语言的教学。"而语言的学习是离不开阅读的。因此，数学教学中培养学生的阅读能力，让阅读成为学生的数学素养，应该成为小学数学教学的一个重要研究课题。

    有人说"兴趣是最好的老师"。当我们的数学教学落脚在单纯的解决数学问题上的时候，枯燥而又乏味的计算和推理就会使学生失去对数学的兴趣，渐而学生也就丧失了数学学习的动力。学生的反馈和教师数学教学的现状告诉我们，在数学教学中没有很好的落实《数学课程标准》对"数学阅读能力的培养"的要求，导致一部分学生不想学数学，更不愿学数学，这不能不令人担忧。要改变这一现状，我们的数学教学必须加强阅读教学。

一、转变教师的阅读观念

    学校要重视对数学教师的培训，通过校本培训、校本教研等活动，组织教师学习《数学课程标准》，让教师转变数学教学观念，明确《数学课程标准》

中对数学阅读教学的要求。组织教师学习研讨数学教材，挖掘教材中有关阅读的内容。学校在数学阅读教学方面设立研究课题，鼓励教师个人选定有关数学阅读的小课题，形成数学阅读教学的研究氛围，注重并加强数学阅读教学与研究。

二、重视课本的有效阅读

数学教材的情境设计在介绍数学文化、利用课程资源方面符合学生的生理特征、知识基础与接受水平，符合教育的原理和数学学科的特点，是学生进行数学学习的重要课程资源，具有很高的阅读价值。因此，一定要重视对数学教材的阅读。数学教材的阅读一般要分为课前、课中与课后阅读。

1. 课前预习是学习的一个重要组成部分

恰当的课前预习有助于提高学生独立获取新知的能力。学生带着预习中不懂的问题听课，也必定会增强听课的效果。课前预习离不开阅读，为提高预习阅读的针对性和有效性，教师要让学生明确课前预习的范围和要求。若有必要，还要设计相应的与旧知联系的带有悬念性的问题，或与新知相关的有趣练习题，促使学生主动预习。新授前，还应检查预习的效果，并对检查情况进行总结反馈，以此督促学生逐渐形成数学预习的好习惯。课前阅读要求学生读出书中的要点、难点、疑点，提出具有一定思考价值的问题。学生或者在课前将这些问题通过不同的方式加以解决，或者留到课堂上交流，准备进行小组合作探究，这样会有效引发学生课前预习的兴趣。

2. 课中阅读要把读、思、议、练结合起来

对于定义、法则、公式等基本知识的阅读，既要有耐心，又要讲究方式方法。要在教师的引导和学生自主探究其产生过程的基础上，逐字逐句让学生反复读，读出字里行间所蕴藏的含义，体会出数学的思想、观念和方法。教师要充分利用教材设置的数学情境，引发学生讨论思考，还要利用教材中数学文化知识板块，活跃课堂气氛，提升学生学习的积极性。阅读还要与讨论、质疑结合起来，使数学阅读变成学生真正意义上的自主行为。

3. 教师应根据教材需要安排学生课后阅读

课后阅读要对学过的知识进行整理归纳和概括，起到温故知新，举一反三的作用。要让学生逐步养成不读懂学习内容，就不动笔做题的好习惯。教师还

要在班级内营造数学阅读的氛围，定期出数学黑板报，举办数学阅读趣味数学知识竞赛、数学智力竞赛、数学游戏等，激发学生数学阅读的积极性。课后阅读还要与学生的实践活动紧密结合，要让学生在课后阅读的基础上将学到的数学知识在实践活动中加以充分应用。鼓励学生自觉主动地发现生活中的数学，从生活中发现数学问题，引导学生通过查阅相关书籍、上网查询等方法去解决问题，使数学阅读与学生的生活实践有机结合。

三、加强课外延伸性阅读

苏霍姆林斯基说过："在学龄中期和后期，阅读科普读物和科学著作，跟在学龄初期进行观察一样，起着同样重要的作用。"对于学有余力的学生不能使他们的数学阅读仅仅局限于数学课本，要引领他们多阅读一些数学课外读物，如《中外数学家的故事》《趣味数学》《数学万花筒》以及与数学有关的读物等，鼓励学生读自己喜欢的数学课外书、报，上网查阅有关的数学知识，要求学生认真收集整理课外作业、寒暑假作业中的趣题、趣事等，促进学生的思考不断向深度和广度发展，尽量为他们创设展示自己的机会，让他们参与班、学校及上级教育部门组织的一些数学活动，让他们满足自己的展示欲望，寻找自身的不足，从而让他们在更广阔的空间中得到发展。我们呼吁科普作家们能为学生写更多有趣的、适合不同年龄层面学生阅读的数学科普读物，也建议《小学生数学报》等数学报刊上开辟"好书推荐"栏目，推荐最新的数学科普类读物，对广大的小读者进行数学阅读方面的引导。

在小学生的数学学习中，注重和加强对学生阅读方法的指导，有利于学生克服学习中的依赖性、增强独立性；有利于加强学生对数学语言的理解，加深其对数学思想方法的理解，使之形成更好的数学思维；有利于充分挖掘学生的潜能，促使学生主动获取知识，形成良好的数学学习习惯，培养其发现问题、分析问题、解决问题的能力；有利于学生融合各学科的学习方法，形成适合自己的思维模式和数学学习方法；有利于学生进行学科间知识的整合，促进学生综合素质的提高，为学生的全面发展奠定坚实的基础。

研究报告："小学生数学学习错误资源化的研究"结题报告

一、问题背景

学习错误是学习过程中正常而普遍的现象。小学生的知识背景、思维方式、情感体验等与成人不同，他们的表达方式可能也不准确，学习中难免会出现各种各样的错误。现实中，教师看到的更多的是错误的消极方面，在课堂中努力地回避着错误。有的教师进行大量的铺垫，不断地暗示，不敢让学习基础较差的学生来回答问题，生怕出错影响教学节奏，最终完成不了教学任务，看似程序流畅，过渡周密自然，师生配合默契，课堂实则成了教师与部分学生合演的"木偶剧"，学生缺乏自主的时空。有些教师则片面理解新理念，认为只要充分调动学生的学习积极性就可以，对学生明显的错误不置可否、放任自流，让学生带着错误和问题离开课堂。有些公开课课堂，授课教师甚至不惜用一些美丽的"谎言"来帮助学生掩盖学习中的错误。再有，我们对学生的错误处置不当，或表情冷漠，或斥责批评，常常会挫伤学生的积极性和自尊心。久而久之，学生不敢随意表达自己的观点，我们也无从获得课堂上真实的反馈信息，很多问题在课堂上没有暴露，课后却错误一片。还有学生认为错误意味着失败，把错误和耻辱联系在一起。课堂上发言不担心出错的学生很少，而害怕同学歧视的学生占很大部分，并随着年级上升而递增。

学生出错是正常的，关键是我们怎样对待错误。其实，最好的学习就是在错误中学习，让学生经历错误、认识错误、纠正错误才可能更好地防止错误。学生的错误是极有价值的，正好引起我们的思考。放弃经历错误也就意味着放弃经历复杂性，远离错误实际上就是远离创造。过度地防错、避错，缺乏对错误的欣赏与容纳，大大减少了学生扩展认知的范围、接触新发现的机会，使学生天然的好奇心、求知欲以及大胆尝试的探索意识被压抑乃至被扼杀，所伴随生成的个性特征和思维特征必然是谨小慎微、害怕出错。一条缺少岔路的笔直大道，使我们的学生失去了很多触类旁通的机会，同时也由此失去了矫正错误和新发现的快乐。

新课程追求真实有效的课堂，倡导"尝试—错误—再尝试"的探究式学习，而尝试、探究必然会生成更多的差错。叶澜教授曾言："学生在课堂活动中的状态，包括他们的学习兴趣、积极性、注意力、学习方法和思维方式、合作能力与质量、发表的意见、建议、观点，提出的问题与争论乃至错误的回答等，无论是以言语，还是以行为、情绪方式的表达，都是教学过程中的生成性资源。"差错，正是被忽视又亟待开发的宝贵的教学资源。所以，学生学习错误资源化是当前新课程改革的迫切要求。

二、概念界定

错误：《辞海》中的定义是"不正确的"。这里所谈的"错误"指的是师生在认知过程中的偏差或失误，也指教师在教学中和学生在学习过程中，反映在各方面的违反教学结论或数学方法的现象。

错误资源化："资源化"一般是指将废物直接作为原料进行利用或者对废物进行再生利用。在生产生活中，资源化是循环经济的重要内容，再利用和资源化往往相提并论。"错误资源化"是指把课堂教学中学生的学习差错变为一种教育教学资源，通过细致的剖析、提炼，将学生的错误资源转变为教师难得的教学资源和学生宝贵的学习资源，也就是将错误资源有效地利用，从而真正做到变"差错"为"精彩"，变"事故"为"故事"。

三、理论依据

1. 建构主义学习观

学习并非学生对于教师所授予知识的被动接受，而是以其自身已有的知识和经验为基础的主动建构。学生的认识必然有一个深化和发展的过程，包括出现一定的错误和反复。因此，对于学生学习过程中所发生的错误应当采取理解宽容的态度，不应简单地予以否定，而应努力发现其中的合理成分和积极因素。学生的错误不可能单独依靠正面的示范和反复的练习得以纠正，必须是一个"自我否定"的过程，而"自我否定"又以自我反省，特别是内在的"观念冲突"作为必要的前提。有效帮助学生纠正错误，教师就应注意如何提供或创造适当的外部环境来达到这个目的。

2. 元认知理论

学习的过程就是一个不断提高认知的过程，学习是认知结构的重新组织，是一个积极主动并不断内化的过程。学生学习的过程是提高元认知能力的过程。而元认知实质上就是反思。"错误"因而成为学生进步的基石，促进学习的"法宝"。学生犯错后不再感觉到可耻，在尝到成功的喜悦后，对于下一次的错误就有了自觉进行反思的动力。

3. 多元智能理论

每个学生都有自己的优势智力领域和弱势智力领域，有自己的学习类型和方法。因此，我们的课堂里就不应该有"笨学生"的存在，只有各种智力特点、学习类型和发展方向不同的学生的聚集。对于学生的错误，我们应该树立"对症下药"的教育观。因此，要充分了解学生产生错误的原因，采用不同的教学策略。

四、研究目标

1. 促进学生完善认知，学会数学地思考

教师帮助学生树立纠错追因意识，引导学生尽量详尽地分析错误原因，经常适时地引导学生去反思、回顾，培养学生思考问题的方法，提高学生处理实际问题的能力。学生也因此对错误形成正确的认识。

2. 促进教师自身反思，加速专业成长

课堂中预料不到的、来不及处理的、带有普遍性的错误，考量着教师的专业功底。为了更好地解决教学中的失误，寻找存在的问题，发现留下的遗憾，反思是教师自我教育与成长的最佳途径。

3. 促进形成教学策略

在对学生的错误进行分类和原因分析后，形成有针对性的教学策略。

五、研究内容

1. 树立正确的错误观

（1）教师对错误要有正确的认识，这样，教师才会以积极的姿态善待学生的错误，容纳与欣赏学生的错误。其实，课堂学习差错是一种特殊的教学资源。如果说对某些教学资源而言，有效利用与闲置不用的区别是1与0的差别，那么对错误这一资源而言，则是+1与 −1的差别。因为课堂上的学习错误如果处理不当，将会给教学带来困难或是意想不到的"麻烦"，从而阻碍学生的发展；如果充分地加以利用，则可以让学生不仅感受到自己在课堂上的改变和成长，还能体验到人格的尊严、真理的力量、交往的乐趣和人性的美好。这就使学习错误资源化变得更为重要。

（2）帮助学生形成正确的错误观。错误面前人人平等，无论是自己的错误还是他人的错误，都要让学生学会正确面对。我们通过讲数学家、科学家对待错误的故事，如《科学家与错误》《谬误大观》《数学大师的创造与失误》《败经》，帮助学生认识到"人生自古谁无错"。我们还搜集了大量的格言警句，引导学生看到错误的价值，帮助学生认识到关键是要吃一堑，长一智，让错误的价值最大化，不再犯同样的错误。

2. 给学生出错的时空，广泛收集学生的学习错误，进行原因分析

以往的我们未雨绸缪、防患于未然，学生被动学习的现象比较突出。课堂导入部分往往会有大量的铺垫，特别到位的提示或暗示，课堂教学看似十分顺利，其实是降低了数学学习应有的思考性和挑战性，人为地缩短了学生学习数学知识的思维历程。现在，我们通过实施开放式教学，舍弃铺垫、提示或暗示，敢于放手，让学生在自然状态下探究，让学生展示真实的思维，给学生出错的时空。如果可以使教学升华，在设计时，我们还刻意创设使学生出错的问题与机会。教师都备有一本"错误集"，平常注意收集积累，上课中勤于捕捉，答问中随机提炼，作业里分析收集，阅卷中统计归类。我们重点对学生的学习错误进行原因分析，发现影响学生学习的因素主要有：感知粗略、注意失调、表象模糊、情感脆弱、强信息干扰、思维定式等方面。

感知粗略——小学生感知事物的特点是比较笼统、粗糙、不具体，往往只注意到一些孤立的现象，看不出事物的联系及特征，因而头脑中留下的印象缺

乏整体性。理解题意时往往一晃而过，仅看一次，不肯多看多读，砍头去尾，张冠李戴，"拿起半截就开跑"的现象非常突出。如把"多多少米"看成"多少米"、把"可以少用几小时"看成"可以用几小时"，错误经常发生。计算时对相似、相近的数据或符号容易产生感知失真，造成差错。如一些学生常把"+"看作"×"，把"÷"看作是"+"，把"56"写成"65"，把"109"当成"169"，等等。

注意失调——小学生注意力不稳定，不持久，不容易分配，注意的范围不广，易被无关因素吸引而出现"分心"现象。小学生在解答应用题的过程中总是急于列式、埋头计算，而对分析数量关系和理解题意"视而不见，见而不思"。学生在计算类似（3+1.75−1×3）÷（4÷3）+1的题时，常常会因前面部分（强知觉对象）计算复杂，而忘记加上后面的"1"（弱知觉对象）。

表象模糊——从小学生的思维特点看，其思维带有很大的具体形象性，表象常成为其思维的凭借物。特别是低年级儿童，常因口算方法的表象不清晰而产生差错。如一年级学生口算7+6、8+5等进位加法时，头脑中对"分解"→"凑十"→"合并"的表象模糊，想象不出"凑十法"的具体过程，因而出现差错。在比较大小时，也要借助表象的作用。

情感脆弱——有些学生在做作业时，由于存在急于求成的心理，当题目简单时，易生"轻敌"思想；而题目复杂时，又表现出不耐心，产生厌烦情绪。一些学生常不能全面仔细地看题，认真耐心地分析，更不能正确合理地选择计算方法，进而养成题目未看清就匆匆动笔的陋习，缺少自觉检查、调整自己思维过程的意识。

强信息干扰——小学生的视、听知觉是有选择性的，所接受信息的强弱程度会影响他们的思考。强信息在学生的头脑中留下了深刻的印象，如同数相减得0，0和1在计算中的特性，25×4=100，125×8=1000，等等。这种强信息首先映入眼帘，容易掩盖其他信息。如口算15−15÷3，学生并非不懂得"先乘除后加减"的顺序，而是被"同数相减等于0"这一强信息所干扰，一些学生首先想到15−15=0，而忽视了运算顺序，错误地口算成15−15÷3=0。

思维定式副作用——学生受思维定式的消极影响产生的错误很多，是需要重点关注解决的问题之一。小学生对数学的本质属性理解不深，就容易被非本质属性所迷惑。在几何初步知识教学中，往往易受数学概念的生活意义的影响。如"直线"在日常概念中就是笔直的线，是可以测量的，相当于几何概念中的"线段"，但学生会认为直线就是线段，是可以度量的。思维过程中的负迁移对后继学习的消极影响也不可忽视。如低年级教学"小明比小英高13厘米，则小英比小明矮13厘米"，到学习分率比较时，"哥哥比妹妹高25%"，学生错误地推导出"妹妹比哥哥矮25%"。对过去积累的经验有过多地依赖，也容易妄下定论。比如，在实际应用时，出现制作衣服用布料这种情况，要求取近似值，学生不加考虑就用取近似值一般方法四舍五入去保留，因而脱离实际，产生错误。在计算圆面积时，学生受计算公式影响，认为必先找圆的半径，而当告诉以圆的半径为边长的正方形的面积是3平方厘米，求该圆的面积时，学生无从下手。

3. 将学习错误资源化

对待学生的思维成果——"错误"，不是着眼在对还是不对，而是应着眼于有价值还是没有价值，价值是大还是小，是现时价值还是长远价值。这一价值判断的标准：一是有利于学生的发展，二是有利于本课教学目标的达成。如果课上生成了非常有价值的差错资源，我们就应该放下原有的预设，及时转化为生成的教学资源。

利用错误，引发学生的认知冲突，激发学生的求知欲和探索兴趣。例如，教学《能被3整除数的特征》时，先让学生自己探究，学生受能被2、5整除数的特征的定式影响，着眼点会局限于数的个位。屡次出错使学生产生强烈的探究需求，再顺势导入教学。

把错误作为反例，让学生发现同类事物的共同本质特征，使概念的概括精确化。例如，在六年级总复习中"$4.5 \div 1.5$"的意义叙述为"4.5是1.5的几倍"。在黑板上写下"4.5是1.5的3倍"与"4.5是1.5的倍数"，引发学生讨论辨析："不能说4.5是1.5的倍数""因为倍数和约数一定要在整除的情况下才能出现，这不是整除的算式"，还有补充"被除数、除数和商都是整数而且没有余数时才算整除，45才是15的倍数"。这样的故意出错，引发学生质疑，学生在对话中相互启发，明白数学中"几倍"和"倍数"并不是同一个概念。

把错误作为比较对象，消除思维定式的消极作用。如"一块长方形铁皮，长是16厘米，宽8厘米，如果用它剪直径2厘米的圆片，最多可以剪多少个"，学生根据以往的经验，往往用大面积去除以每块的小面积，即$16 \times 8 \div [\,3.14 \times$

（2÷2）^{2}]≈41（片）。思考讨论，得出应该用"去尾法"，即40片。然而，本题却根本不能用这种方法去解答。需要引导学生联系实际去思考：原来正确的解法是（16÷2）×（8÷2）=32（片），根本不可能剪出40片。进而有学生想到用16×8÷（2×2）=32（片）。可见，经验是一把"双刃剑"，成功因为经验，错误也可能因为经验。教师不敢放手，学生就会小心翼翼，亦步亦趋，经历的挫折少了，解决问题也是浅尝辄止，也就不会产生自己独到的见解。因此，在教学中应该适当地为学生创造一些机会，让学生在碰壁中学会对数学问题做深入的思考。

课堂教学中学生的错误，要尽可能让出错学生自己解决。出错的学生属于弱势群体，应该得到更多的关照。出错学生的思维过程得不到公开，错误也就没有获得"资源属性"。教师是帮助者，应尽量避免直接纠正学生的错误，而应鼓励并提供机会让出错学生自己发现错误，纠正错误，即让出错者本人通过有意识的监控，对学习内容和学习过程的自我反思，或者通过教师或同伴的部分暗示，自己发现错误并加以纠正。这既是学生的普遍期望，也可以让学生产生成功感，且可以让学生成为独立的学习者。教师对学生的错误还要加以善解，寻找学生思维的闪光点，激励、鼓舞学生，让错误显露出可贵的意义。

4. 加强反馈与矫正，培养学生良好的反思习惯

课堂是学生出错的地方，出错是学生的权利，帮助学生不再犯同样的差错是教师的义务。学生的差错资源十分丰富。对差错种类的研究，针对不同的差错采用不同的方法加以利用。划分差错的标准是多元的，对差错做详尽无遗的分类，是不可能的，但我们可以从有限中把握无限，如知识性错误和方法性错误、偶然性错误和习惯性错误、个别错误和普遍错误、可免性错误和难免性错误、视觉性错误和干扰性错误等。不同的错误类型有不同的教学策略，如知识性错误对照矫正，方法性错误重点矫正；偶然性错误立即矫正，习惯性错误变式矫正；个别错误个别矫正，普遍错误集中矫正；意料错误设计矫正，意外错误灵活矫正；可免性错误自我矫正、难免性错误专题矫正等等。

培养学生反思的习惯。学习是学生自己的事情，关键在于学生自己的内化，教师只是引导者、帮助者。在实际教学中，我们应帮助学生树立纠错追因的意识，引导学生反思错在哪里，为什么错，然后让学生有针对性地纠错，让错误发挥最大的育人功效。我们要求每位学生都准备一本"错题集"，这是一条很好的培养学生反思习惯的途径。在学生常犯错误的关键之处，经常适时地引导学生去反思、回顾，完善认知，培养学生批判性数学思维品质，使学生学会数学地思考，从而减少错误，直到消灭一些不应该发生的错误。

六、研究过程与方法

1. 研究过程

（1）准备阶段（2015年7月—2016年3月）

准备阶段的任务：成立课题组，对研究课题进行论证，制订课题研究方案，培训教师，制订课题实施计划，收集课题学习资料，准备进行研究。

（2）实施阶段（2016年3月—2017年11月）

实施阶段的主要任务：按照课题方案和研究计划开展实验研究，建立课题资料档案，调查、收集、积累和分析有关材料与实验数据，进行课题研究的阶段性总结和评估，撰写课题实验研究报告、论文及有关课堂教学的资料等，探索和分析错误资源的产生原因、课堂错误资源的捕捉以及课堂错误资源的利用，形成一定的模式。

（3）总结阶段（2017年11月—12月）

总结阶段主要总结研究、完成整个研究过程的资料整理。征集有关论文、汇报课的录像等，邀请专家对本次研究成果进行鉴定，形成研究总结、编写课题研究的资料集，申请课题成果鉴定。做研究成果的推广与巩固，并做好后续工作。

2. 研究方法

（1）观察法：观察学生在学习过程中出现错误的类型和某一个知识点错误的概率，并且记录下来。

（2）日记法：撰写教学反思日记，记录课堂上的观察发现，反思错误资源的利用情况，总结研究发现。

（3）文献法：通过上网搜集、阅读理论书籍等途径收集教育学、心理学方面对研究"小学生数学学习错误资源化的研究"有帮助的文献资料，加深对本课题的理论认识。

（4）个案法：通过对班级学生的个案研究，掌握不同学生学习中产生错误的原因和内容的差异性，并根据差异因材施教，做到有效运用教学中的错误资源。

七、研究措施

1. 建立课题研究通信群

为了研究资料积累的方便，及时发布课题的研究动态，我们建立了本课题研究的QQ群，要求本课题组的教师全部加入。教师可以把与课题研究相关的研究资料及时上传到群中，互相学习交流，及时了解课题的研究动态，掌握课题研究进度，同时也方便课题研究素材的积累，为课题研究提供了技术上的支持。

2. 开展专题研讨沙龙活动

主题沙龙：以校本研修活动为载体，充分利用每周四的分组教研时间，进行"错误资源化"的专项教研活动，围绕"你怎样看待学生在数学学习过程中出现的错误？""在教学过程中，你认为学生发生错误的原因有哪些？你是如何区别对待的？""你是如何理解'错误是一种教学资源'这句话的？"等话题进行深入研讨交流，为课题的研究指明方向。

读书沙龙：为了使全组教师对本课题有更深入的了解，我们组织课题组成员重点学习了华应龙老师的"化错教学"的系列理论材料，全体课题组成员共读了《华应龙与化错教学》书籍，并举行了读书交流活动。

3. 引导学生制作"错题集"

一本好的"错题集"就是自己知识漏洞的题典，平时如果及时整理与总结，在复习时"错题集"就是学生手头最重要的复习资料。研究开展以来，我校课题组要求全校学生每人备一本"错题集"，要求学生每天做当日作业前，把昨天的错题解决后再开始新的作业。错题本不是简单地将题目和答案抄录下来，更重要的是要分析出现错误的原因和预防类似错误出现的方法。比如，由父母帮助抄录题目，但是由孩子自己重新解题并总结；或者将有关试卷复印，然后把错误的题目剪裁下来，粘贴在错题本上等，对每道错题都要重新摘录，进行错误过程陈述、错误原因分析、错误类型总结，如标注出"概念错误""思路错误""理解错误""审题马虎"等错误原因，最后写出正确的解题过程。由于每位学生的"错题集"不尽相同，我们通过组内、班内、年级内学生错题本的"漂流"活动，让学生不断地借鉴他人的错题内容，从而力争避免和减少自己学习中的错误，产生1+1大于2的效应。

4. 鼓励学生写数学日记

我们要求四至六年级学生每周写一篇反思自己错误的数学日记。对于学生而言，写对自己错误反思的日记，有助于他们进一步深层次地剖析自己的错误原因，为今后学习做更好的借鉴；对于教师而言，读着学生的数学日记，更能走进学生的内心世界，了解到更多的意想不到的学生错误的思维过程。尽管他们的日记还很稚嫩，但是很多学生在写日记的过程中学会了收集、记录他们生活中的"数学问题"和"数学例子"，并用数学的眼光去分析和思考。

5. 整理各年级易错题

教师在学生整理错题的基础上，进一步归纳整理单元板块错题，最后汇总各年级易错题，寻找进一步改进的策略，并及时上传QQ群，与组内教师互动交流，同时供全校师生借鉴使用。

6. 推行年段精品课研究

每学期，各年段精选本册教材中的一个教学内容，作为课题研究的素材。教学内容涵盖了计算课、概念课和解决问题的课型，做到素材选取的普遍性。同时年段内安排一位优秀教师上课，组内其他教师从不同的观察点进行听课、评课，并形成年段的优秀课例，上传于研究群，辐射全校的学习并进行推广。

7. 撰写相关论文和案例

根据前期的课堂教学研究和单元典型错题整理与分析，围绕错误资源课题撰写相关的案例和随笔。课题组成员不断关注错误的成因，提出相关对策，并撰写教学论文。

八、取得成效

1. 构建了小学生数学学习错误资源化研究的简单操作模式

初步形成了"树立正确的错误观—给学生出错的时空，广泛收集学生的学习错误，进行原因分析—将错误资源化—加强反馈与矫正，培养学生良好的反思习惯"实施策略模式。

2. 促进了教师教学观的转变，提高了教师的教学业务水平，促进了教师的专业成长

教学必须服务于完整的人的成长。你首先是一个教育者，其次才是一门课程的教师。学生在解题中出错是学习活动的必然现象，教师对错例的处理是解题教学的正常任务。而且，错例剖析具有正例示范所不可替代的作用，两者相辅相成构成完整的解题教学。教师认识到："失败是成功之母，错误是正确的先导，是通向成功的阶梯，是创新火花的闪现。"对"错误"唯恐避之不及的态度彻底得到改善。教师在体会到重知识更重方法、重结果更重过程的价值追求过程后，摈弃了原来那种亦步亦趋的牵引式教学，更为大胆开放，让学生尝试探究，积极把握课堂中生成的资源，课堂效率日益提升。

我们确立"问题即课题，教师即研究者，教学即研究，课堂即实验室"的意识，开展行动研究，按"问题—学习—研究—小结—反思—新问题"的流程进行研究，设计教学案例，每月组织一次交流研讨活动，极大地提高了教师的教学业务水平。

两年来，课题组多名教师成长为市、区教学骨干，其中有2名教师被评为"盐城市小学数学学科带头人"，1名教师被评为"盐城市教坛新秀"，2名教师被评为"亭湖区小学数学教学能手"。课题组成员在各级各类赛课中成绩突出，王恒干老师的《树叶中的比》获得全国苏教版小学数学教材第五届优秀课评比一等奖，《解决问题的策略—转化》全市示范教学；吴华平老师对全区公开教学《百分数的认识》和《分数的认识》；韦来娣老师的《两位数加一位数》、徐洪春的《长方形和正方形的面积》在亭湖区小学数学赛课活动中分获一等奖、特等奖。教师们能在平时的教学中不断地反思，并形成了多篇教学随笔，学校编印了教师论文集《幸福在这里》（共二册）；王恒干老师撰写的多篇文章发表于《江苏教育研究》和《小学数学教育》等杂志，吴华平老师撰写的论文分别发表于《小学教学参考》和《广西教育》。课题组通过搜集整理形成了《教师案例集》和《教师论文集》两本文集。

3. 转变了学生的学习方式，提高了学生的数学学习兴趣和数学素养

通过本课题的研究，我们立足构建以学习者为中心、以学生自主学习为基础的新型教学范式，引导学生形成正确的数学观：数学活动被看成一种包含有猜测、错误、尝试、证明与反驳、检验与改进的复杂过程。学生认识到错误是学习过程中不可避免的，无论是自己的错误还是他人的错误，都要正确面对。关键是要吃一堑，长一智，让错误的价值最大化，不再犯同样的错误。失败后的成功，让学生经历一种刻骨铭心的探索过程和情感体验，从而更加珍惜自己发现的学习成果，更加重视老师指导的学习过程。学生变得更会学习、更爱学习。"失败"犹如一枚"青橄榄"，苦涩里透着甘甜，让学生"开胃生津"，回味无穷。学生不仅感受到自己在课堂上的改变和成长，还能体验到人格的尊严、真理的力量、交往的快乐和人性的美好，享受到教育的快乐。这样的学习氛围，更激发了学生学习、探究数学的欲望，进一步培养了学生的数学素养，促进了学生全面、持续、和谐的发展。在平时的教学中我们努力帮助学生自觉、主动收集整理错题，引导学生尽可能详尽地分析错误原因，参照正确方法重新审视自己的思维，完善认识。课题组通过搜集整理已经形成了《学生错题选集》和《学生日记选集》。

九、研究成员

主持人：王恒干、吴华平。

成员：徐洪春、董海飞、袁艳、曹红霞、刘梅、陈艳、许学飞、朱修、王荣荣、陈宝清、王美勤、胡领军、杨艳。

十、后续思考

在两年多的课题研究过程中，我们发现有效利用学生错误资源开展教学，是激发学生兴趣，提高数学课堂教学质量的有效途径，也是提高学生各方面能力，提升学生素养，实施素质教育的重要途径。研究的过程既可以发展学生，又能成就教师。但是，在整个课题的研究过程中也出现了一些问题及困惑，例如，一些学困生的学习态度很差，作业不能认真完成，有错不能及时改正，也有的学生对自己产生的错误并不乐意展示出来，使教师无从下手，课题研究的价值也就无法体现。另外，对于错题的解决对策比较单一，在课堂教学中是面向全体还是关注个体错误的矛盾等问题，我们也很难把握。

总之，我们这个课题的研究时间虽然不是很长，但是，锻炼了我们的研究能力，增强了科研意识。课题研究是一个系统工程，涉及的内容很多，在今后的工作中，我们将进一步思考如何更好地把实施课题研究与课堂教学改革结合起来，更好地让课题研究为课堂教学服务，努力提升教育教学质量。

（文章系江苏省中小学教学研究课题第十一期"小学生数学学习错误资源化的研究"的结题报告）

研究报告："小学数学文化渗透的教学策略研究"结题报告

一、问题的提出

张奠宙先生指出："数学文化必须走进课堂。"受应试教育影响，当前的数学教学，依旧与文化背道而驰，对数学知识的积累、数学技巧的训练等工具性价值的过分关注，使得数学拥有的文化气质和气度逐渐丧失，这是数学教育的误区。近年来，国内的期刊也发过不少有关数学文化渗透小学数学课堂的文章，但是同类课题和研究案例，由于关注点的不同，在认识上存在不同层次的片面性问题：对数学文化概念的窄化或泛化是普遍现象，对数学教学中如何渗透数学文化的策略把握不准，数学作为文化的价值在小学数学课堂中并没有得到很好的体现。为此，我们提出"小学数学文化渗透的教学策略研究"，以揭示数学文化的内涵，探索如何结合教材内容有机渗透数学文化，使学生在学习数学的过程中真正受到文化的熏陶，欣赏数学之美，学会用数学的眼光观察现实，建构数学模型，进行数学交流，积淀数学素养。

二、设想与意义

（一）课题界定

文化：指意识形态所创造的精神财富，包括宗教、信仰、风俗习惯、道德情操、学术思想、文学艺术、科学技术、各种制度等。

数学文化：作为一种"看不见的文化"，数学在其发展过程中，伴随着数学知识的产生、生成、传播而在特定的数学共同体内积蓄下的对人的发展具有重要促进和启迪价值的数学思考方法、数学思想观念及数学精神品格等。

教学策略：指在不同的教学条件下，为达到不同的教学结果所采用的手段和谋略，它具体体现在教与学的交互活动中。

数学文化渗透的教学策略：以苏教版教材为载体，结合具体内容进行数学史的学习、数学思考方法的渗透、数学思想观念的影响，以及数学精神品格的培养等，在渗透数学文化的过程中形成策略意识，并形成相应的策略体系。

（二）研究内容

本研究从"理论梳理"和"实践研究"的双向路径展开研究。具体内容包括以下几方面。

1. 数学文化的理论探讨

检索与课题相关的近年来国内外的各种原始文献及学校的相关档案，了解数学文化的概念、内涵与外延，以及关于在"数学教学中渗透数学文化"研究已做的工作，用先进理论指导课题研究工作，吸取对本课题研究有用的研究思路和方法。

2. 在小学数学教学中有机渗透数学文化的案例研究

以苏教版教材为载体，通过改编、补充、化静为动等方法活用苏教版小学数学教材，有机渗透数学文化，并形成一个个鲜活的教学案例。

3. 在小学数学教学中渗透数学文化的教学策略研究

在小学数学课堂教学中如何把握课堂时机，灵活组织数学活动，渗透数学史、数学思想方法，激发学生进行数学思考，引导学生主动发现，在数学实践过程中如何引导学生用数学的眼光观察现实，欣赏数学的美，体会数学文化的价值。

4. 渗透数学文化对学生数学学习效率的影响与作用的研究

渗透数学文化对学生数学学习兴趣的激发，数学学习热情的调动，数学思想方法的理解，数学科学严谨态度的养成，数学精神品格的培养以及学生可持续发展能力的形成所产生的影响与作用。

（三）研究方法

1. 文献资料法

通过网络搜索、理论专著和报刊资料，借鉴相关理论资料，寻求理论支撑，指导本课题的研究。

2. 案例分析法

选取所有参与研究的骨干教师所在班级，以他们的教学实践为研究案例，通过案例分析从实践中积累研究成果。

3. 行动研究法

研究中加强与教学行为的结合，明确改进措施，及时组织教学实践，通过对学生数学素养的培养，加强本课题的实践效果。

4. 经验总结法

通过长期坚持的研究实践，及时总结经验，以期形成科学的教学实践策略体系，弥补不足，以促使小学数学的教学和教研工作更有成效。

（四）研究目标

（1）通过本课题的研究和实践，使广大数学教师对小学数学教学中渗透数学文化的意义价值有更深入的理解，探索形成数学文化渗透的策略体系。

（2）通过本课题的研究和实践，明确在小学数学教学中渗透数学文化对学生的学业水平产生的影响，努力使学生真正成为学习的主人，为他们的可持续发展、终身学习奠定扎实的基础。

（3）引导教师经历本课题研究的过程，提升教师业务素养，使教师体会教学问题研究的必要性，享受学习研究的快乐，体验研究成功的快乐。

（4）收集整理小学数学教学中渗透数学文化的优秀案例，撰写经验总结、教学论文等，并汇编成册，为小学数学教学改革提供实践经验，全面提高教育教学质量。

（五）理论和实践意义

1. 用"数学是文化"的观点透视数学课堂，让数学课堂彰显文化的本性

《数学课程标准》中提到："数学是人类文化的重要组成部分，数学素养是现代社会每一个公民应该具备的基本素养。"由于部分教师对数学文化的内涵认识有偏差，在课堂中只认同数学是一门技术，习得、模仿、练习、熟练化便成为数学课堂中的强势语言。随着数学知识的增长，部分学生对数学学习的热情却渐渐下降。在小学数学教学中有机渗透数学文化，可以让数学课堂彰显文化的本性，提高学生的数学素养。

2. 揭示数学文化内涵，用数学的眼光观察现实，学会数学交流

认同某一事物具有文化性，并不等于这一事物就一定能在所有的境域中彰显出它的文化属性来。通过对渗透数学文化策略的研究，可以揭示数学文化的内涵，走出数学孤立主义的阴影，使师生双方学会用数学的观点观察现实，构造数学模型，学习数学的语言、图表、符号表示，进行数学交流。通过理性思维，培养严谨素质，追求创新精神，欣赏数学之美。

3. 以苏教版教材为载体，适时渗透数学文化，促进学生可持续发展

以苏教版教材为载体，让数学文化的魅力真正渗入教材、走进课堂、融入教学，让学生不仅了解知识结论，还了解知识的形成过程，深刻理解乃至欣赏所学内容，领悟问题的本质，将数学思想方法深深扎根在学生头脑中并随时随地发挥作用。使数学更加平易近人，通过文化层面，让学生进一步理解数学、喜欢数学、热爱数学，并获得可持续发展的动力，以至受益终身。

三、具体做法与过程

我校从2013年9月初开始实验研究，两年多的时间内，课题组以实践为基点，以课堂为实验阵地，从实践中研究理论，用理论指导实践，围绕课题研究做了大量工作，取得了一定的成绩。

（一）精心选题，不断完善研究方案

课题于2013年7月正式立项为市级课题。课题立项伊始，学校立即召集骨干教师、学科带头人进行研究、规划、论证课题，制订了研究方案，成立了课题组，并进行了详细的分工。

（二）加强学习，提升课题研究水平

理论学习是开展课题研究的先导，课题的研究需要先进的教学理念的支撑，需要一支观念先进的高素质的教师队伍。为此，我们课题组做到了"四个一"：每人每学期精读一本与课题相关的理论专著，如《审视课堂——张齐华与小学数学文化》等；推荐《小学数学教师》杂志上的一些文章供课题组成员学习，通过互联网搜索、查阅有关数学文化的文献资料；每人每学年至少撰写一篇与课题相关的论文；每人每学期至少上一节研究课。"四个一"的落实，提高了课题组成员的理论水平，为课题顺利研究提供了保障。

1. 充分利用报纸、杂志、网络资源进行自学

为使课题组成员全面深入了解数学文化的概念、内涵与外延，探讨与掌握渗透数学文化的教学策略，课题组专门安排人员利用报刊、网络、理论书籍整理出理论精品文章，进行学习交流。利用每周课题组活动、教研组活动和备课组活动交流实践中的做法心得，发现好的做法及时在全校推广。

2. 组织教师开展学习、问题研讨、上研究课等活动

为了统一对课题的认识，我们组织课题组成员通过外出学习、自学、定时集中学习、向专家学习等途径学习现代教育理论、新课程知识，把握新课程理念，提高认识水平和研究能力。同时，我们以苏教版教材为载体，开展在小学数学课堂教学中如何灵活组织数学活动，渗透数学史、数学思想方法，激发学生数学思考，如何引导学生用数学的眼光观察现实，欣赏数学的美，体会数学文化的价值等专题活动。

（二）立足数学教材，夯实课题研究过程

1. 立足课本，开展专题研讨，展现数学文化本质属性

课题组制订计划后，积极开展课题研究活动，如对数学教材中"你知道吗？"进行专题学习、研讨，了解数学知识的历史渊源、了解中外数学家的聪明智慧、了解数学文化的存在价值，利用数学史料进行思想渗透，让学生充分体验数学文化带来的乐趣。此外，我们还开展了数学基本思想的渗透、数学基本活动经验的积累、数学趣味题的研究等专题研讨活动，及时交流在研究过程中的心得、体会与困惑。

2. 狠抓课堂，有效实施，感悟数学文化价值

课堂是一切教学研究的重要阵地。数学文化在小学数学教学中的渗透途径最终要落实在课堂上。只有教师和学生在交流互动中自觉有意识地关注、领悟数学文化的价值，才能不断推进数学文化的发展。让数学文化走进课堂、润泽心灵，使数学课堂充满生机，学生内心得到净化。为此，我们针对数学文化的特点，在小学数学课堂教学中积极渗透、有效实施并逐步形成系列经典教学案例。

3. 加强交流，提升师生数学文化素养

课题研究并不是封闭式的研究，而是一个开放式的研究。课题组在实践研究的过程中总结出好的经验做法，充分发挥教学科研基地的辐射示范作用，面向区域组织"数学文化与课堂教学"的专题研讨活动。

四、成效与经验

（一）探索出了渗透数学文化的有效教学策略

我们以苏教版小学数学教材为载体，以数学活动为抓手，力求探寻数学文化的内涵，挖掘蕴藏在数学之中的丰富文化资源，使学生在数学学习过程中真正受到文化熏陶，欣赏数学之美，学会用数学的眼光观察现实，构造数学模型，进行数学交流。

1. 阅读数学语言，彰显数学学科魅力

数学语言可分为文字语言、符号语言和图形语言三种。教学中教师让学生有充足的时间和空间去领略文字语言的严谨之美、符号语言的简洁之美以及图形语言的结构之美等。同时，在三种语言的转化中去强化美，加强学生的美感体验。通过三种语言的反复转化，使学生体验到"数形结合"思想，从而感受数学语言的内在之美。

（1）文字语言的阅读理解

例如，阅读平行四边形的概念"两组对边分别平行的四边形叫做平行四边形"，让学生读后标出这句话中的关键词，学生一般都会找出"对边""分别平行"这两个词，让学生解释这两个词的意思，并思考：如果让你换其他的词，你会换成什么？有没有比这两个词更能准确描述平行四边形概念的词？在"两组对边分别平行的四边形叫做平行四边形"这句话中有没有可以省略的字或词？通过这样的训练，学生初步感悟到数学文字语言的科学严谨、高度概括与简洁明晰。

（2）符号语言与文字语言的互为转化

例如，教师出示用符号表示的加法结合律：$(a+b)+c=a+(b+c)$，让学生尝试用自己的语言描述等式所表示的意思。再出示文字语言：三个数相加，先把前两个数相加，再加另一个加数；或者先把后两个数相加，再加另一个加数，和不变。比较说说这两种表达方式的联系，你更喜欢哪种表达形式？为什么？通过比较使学生感悟到数学符号的神奇力量：简洁的表达形式却蕴含着如此丰富深刻的内容！

（3）文字语言与图形语言的互为转化

课例教学片段《平面图形整理与复习》：

师：如果给四边形也分分类，你认为该如何分？

（学生讨论后汇报。）

师：你们说了这么多，老师也听明白了，可是总感觉有点像绕口令，我们画图来表示这几种图形的关系。如果老师用一个大圈表示四边形，平行四边形怎么画？长方形呢？正方形呢？梯形呢？

（引导学生画出图形的关系图。）

师：从图中你知道了什么？为什么说长方形、正方形是特殊的平行四边形？

学生在给四边形分类的过程中，自觉回忆了几种图形的特征，主动沟通几种图形的联系，用维恩图表示图形之间的关系，将文字语言转化为图形语言，形象、直观，在让学生感受到数学简洁美的同时渗透了集合思想。

2. 再现知识形成过程，探寻数学知识起源

数学文化的渗透不仅仅是介绍外在"附着"的文化因素，更应该注重探寻数学知识背后的思维内核，在数学学习的过程中获得数学文化的渗透，如此才更富有启迪意义和发展张力。教学中教师应设法把教学内容进行深加工，努力还原、再现知识形成的过程，引导学生以已有的知识经验为基础在经历观察、实验、猜想、验证、推理及交流的过程中积极探寻数学知识的起源。

3. 介绍数学发展历史，丰富数学文化底蕴

著名数学家霍格本曾经说过："数学史是与人类的各种发明与发现、人类经济结构的演变以及人类的信仰相互交织在一起的。"数学文化的内涵不仅表现在知识本身，还寓于历史。数学的历史源远流长，蕴含着无穷的魅力，打开数学发展史，见到的分明是人类文明进步的历史。数学教学有理由也有必要让学生去了解数学惊心动魄的发展历程，探索先人的数学思想，使得数学的学习成为名副其实的文化传播。

4. 渗透数学思想方法，提升数学文化素养

《数学课程标准》明确指出："通过义务教育阶段的数学学习，学生能获得适应社会生活和进一步发展所必需的数学的基础知识、基本技能、基本思想、基本活动经验。"数学不仅仅是一些演算的规则和变换的技巧，它的实质内容、能够让人们终身受益的是思想方法。数学思想方法是增强学生数学观念、形成良好思维素质的关键，是数学文化的精髓。在小学数学教学中结合具体教学内容，创设积极、生动的问题情境，营造思考、研讨、探究的氛围，有机渗透数学思想方法，有利于学生数学文化素养的提升。

5. 运用数学知识解决实际问题，感悟数学应用的价值

数学的文化意义不仅在于知识本身和它的内涵，还在于它的应用价值——只有用于社会实践、融入大众文化的学科才是有生命力的学科。"股市走势图""价格分析表""存、贷款利率结算"等都在向人们呈现数学的应用价值。教师从生活中选取具有代表性的、学生比较熟悉的事例安排实践活动，让学生应用所学知识解决生活中的实际问题，感受数学与生活密切的联系，进一步培养学生应用数学的意识和能力，数学的应用价值、文化意义得到进一步体现。经过两年多的研究与实践，我们发现当数学文化真正融入数学教学活动之中时，数学开始变得和蔼可亲、平易近人，学生从数学学习中感受到数学的美、领悟数学的思想，从数学学习中汲取生命的力量，真正爱上数学、学好数学、享受数学！

（二）转变了教师的教学观念，丰富了教师专业知识的储备

1. 自本课题研究以来，我校的数学教师学习了数学文化相关理论知识，对苏教版小学数学教材中有关数学史料进行了统计与分析，研究渗透数学文化对学生数学学习兴趣的激发、数学学习热情的调动、数学思想方法的理解、数学严谨态度的养成、数学精神品格的培养以及学生可持续发展能力的形成所产生的影响与作用，促进了教师专业化成长。

2. 通过在研究过程中多种方法的尝试，我们探讨在小学数学课堂教学中如何把握课堂时机，渗透数学史、数学思想方法；如何灵活组织数学活动，渗透数学史、数学思想方法；如何开发课程资源让学生感悟数学文化；如何引导学生用数学的眼光观察现实，欣赏数学美，体会数学文化的价值等。这丰富了教师专业知识的储备，提高了教师教学行为的有效性。

3. 实验研究的开展，有效地提高了教师的科研意识和教学水平，同时也取得了一些研究成果：课题组多名教师在省、市、区赛课中荣获一、二等奖，如课题主持人王恒干老师在全国苏教版小学数学教材课堂教学大赛中获得了第一名的好成绩；课题组成员多人次对市、区开设"数学成长记""数学课堂与数学文化"等专题讲座；汇编形成数学文化与数学课堂的教学个案集、论文集；有近30篇课题论文在各类报刊发表或获奖。

（三）改进了学生学习方式，拓宽了学生的知识面

教学中教师更注重学生学习方式的改进，依据《数学课程标准》和学生实际，以苏教版教材为载体，通过改编、补充、化静为动等方法活用苏教版小学数学教材，有机渗透数学文化，变革了学生的学习方式。优秀的数学文化，像空气一样环绕在数学教学的方方面面，只有当数学文化的魅力真正渗入教材、进入课堂、融入教学时，数学才会变得更加平易近人，数学教学才会通过文化层面让学生进一步理解数学、喜欢数学、热爱数学。开展数学文化的研究，我们不仅注重课内，还重视课外，鼓励学生参加一些实践活动，让学生通过阅读数学趣味故事、数学家的故事、数学史话，上网查阅有关数学背景知识等，开阔学生的视野。

五、结论与思考

经过课题研究，课题组成员一致认为：一是依据苏教版小学数学教材在数学教学中渗透数学文化是有策略可依的，是可操作的；二是在数学教学中渗透数学文化研究对转变教师教学行为，改善学生学习方式，发展学生数学学习能力，拓宽学生知识面，提升师生的文化素养都具有重要意义；三是在数学教学中渗透数学文化的研究，有利于教师了解数学史、数学思想、数学背景知识，并基于学生立场，从学生视角观察数学，有机渗透数学文化，密切师生关系，推动课改理念在教学中的行为化落实。

但是反思本课题教学实验研究的过程，我们也发现了一些亟待解决的问题：

（一）实验教师研究意识和研究水平差距较大，个别教师思想意识不够敏锐，对出现的问题不能及时关注。

（二）在课堂教学过程中对教学资源的开发、数学文化的价值引导等还需进一步研究。在理论水平上，教师的数学素养也需要进一步提升。

（三）用相关理论对课例进行分析的能力需进一步提高，反思意识有待进一步加强。

这些都需要我们在课题研究的后续工作中继续研究，不断完善，力求有新的突破，争取新的成果。

（文章系盐城市"十二五"教育科研规划课题"小学数学文化渗透的教学策略研究"的结题报告）

研究报告："小学生数学阅读素养的培养研究"结题报告

本课题以培养小学生数学阅读素养为研究内容，在日常教学的层面展开实践性研究，探索影响小学生数学阅读素养的成因，积极探索培养小学生数学阅读能力与素养的有效策略，旨在通过数学阅读能力的培养，提高学生的数学阅读素养。

一、课题提出

1. 数学是一种语言，随着人类社会的发展、科学技术和文化知识的普及，数学已成了所有科学——自然科学、社会科学、管理科学等的工具和语言。这种语言与日常语言不同，"日常语言是习俗的产物，也是社会和政治运动的产物，而数学语言则是慎重的、有意的而且经常是精心设计的"。因此，美国著名语言学家布龙菲尔德说："数学不过是语言所能达到的最高境界。"更有苏联数学教育家斯托利亚尔所言："数学教学也就是数学语言的教学。"而语言的学习是离不开阅读的，所以数学的学习不能离开阅读。

2. 数学是一门基础性工具学科，与现实生活紧密相连，许多学科的发展及技术的应用都离不开数学。学生通过对数学的阅读，可提高对数学重要性的认识。数学阅读需要较强的逻辑思维能力，在阅读过程中，必须认读、感知阅读材料中有关的数学术语和符号，理解每个术语和符号，并能正确依据数学原理分析它们之间的逻辑关系，最后达到对材料本身的理解，形成知识结构。这中间用到的逻辑推理思维特别多，在客观上，给学生提出了较高的逻辑推理思维的要求。数学与数学阅读关系到学生对数学概念理解能力的发展和解决问题能力的培养，同时也对学生的思维方式产生影响。数学阅读主要是动用思维能力，而数学教育的核心就是发展学生的思维能力。

3. 数学是一门具有精确严谨思维形式的学科，因此在数学语言表达中，逻辑推理都要求精确、严谨。数学教学也就是数学语言的教学，数学阅读由于数学逻辑严谨性及数学"言必有据"的特点，要求对每个句子、每个名词术语、每个图表都应细致地阅读分析，领会其内容、含义。数学阅读常出现这种情况：认识一段数学材料中每一个字、词或句子，却不能理解其中的数学含义，更难体会到其中的数学思想方法。数学语言形式表述与数学内容之间的这一矛盾决定了数学阅读必须认真细致、勤思多想。而认真细致、精确严谨，正是学习能力的重要品质基础。因此，数学阅读有利于培养学生严谨认真的学习习惯。

为此，我们提出了"小学生数学阅读素养的培养研究"的课题，积极探索在数学课堂教学中培养学生的数学阅读能力的方法策略，继而内化为学生的数学阅读素养。

二、研究目标

1. 通过调查和研究，找出影响小学生数学阅读能力偏弱的主要原因，并制定相应的对策。

2. 经过探索培养，让学生的数学阅读既准确、简练而又有条理，促进学生语言和思维的完整性、条理性和敏捷性的发展，让学生数学阅读能力和思维能力都得到发展。

3. 通过培养学生数学阅读能力，使课堂教学模式得到优化，充分发挥学生的主体能动性，增强学生的自主参与、交流合作意识，激发学生学习的积极性，促进个性化学习，提升学生的阅读素养。

4. 使教师形成正确的教学观，强化教改意识，变革教学方式，真正体现新课程的理念，不断提高课堂教学质量。

三、理论支撑

1. 现代教学理论

（1）从创新教育理论角度看

培养学生数学阅读素养，创建一个民主自由的宽松环境，为学生的自主阅读学习提供机会，培养学生数学阅读能力，变革教学方式、学习方式，激发学生学习的热情和学习兴趣，增强学生创新精神，提高创新能力。

（2）从人的全面发展观点看

教育的根本目的在于促进学生发展，应着眼于主体性的生成和潜能的开发，培养学生数学阅读素养，体现面向全体学生，全面而具有个性的发展，也能为每个学生提供参与机会，使他们在自主参与中得到充分的发展。

2. 心理学理论

心理学认为，兴趣是心理活动的倾向，是学习的内在动力，是开发智力的钥匙。有了兴趣，学生就能产生强烈的求知欲，主动进行学习。数学自主阅读，是学生数学阅读素养的外显形式，是主体从无意投入逐渐变为有意投入的过程，它能激发起学生对信息获得与理解的兴趣，调动起深层次的理性思维。从心理学角度看，即使非自觉目的的随意阅读，也常常能通过这种自觉的心理趋势，使无意注意转化为有意注意，从而使阅读过程从兴趣到乐趣，再升华为志趣，实现阅读能力的飞跃，继而内化为阅读素养。

思维与言语密不可分。苏联著名心理学家维果茨基认为，思维与语言的关系始终是一个过程：从思维向语言的运动和从语言向思维的运动。语言是思维的工具，语言对思维有概括和调节的作用，人们借助语言，才能对事物进行抽象、概括，反过来，又借助语言对人们的思维进行调节。因此，通过对数学语言的阅读可以促进学生思维的发展。

四、研究原则

1. 循序渐进原则

小学生的数学语言要准确、简练、有条理地阅读出来，必然经历一个从简单到复杂，由具体到抽象的发展过程。所以，小学数学课堂教学中进行数学阅读能力的培养，应顺应学生心理发展规律，充分结合教材结构与教学内容，循序渐进地培养学生的阅读能力、阅读习惯，渐而积淀为阅读素养。

2. 内容广泛原则

小学数学知识内容比较广泛，不同类型的课，不同内容的知识，应注意让学生多方面地去"读"，丰富各种知识的阅读指导。

3. 形式多样原则

学生的学习动机和兴趣不稳定，机械单一的学习训练活动往往使他们感到枯燥无味，丧失兴趣，这要求我们在进行阅读指导时依据教学内容、信息传递的特点、课堂教学的特征，让学生多样化地"阅读"。

4. 差异性原则

学生是有差异的，根据学生的各种差异，尽量按照不同个性、不同能力等合理地分层指导，保证全体学生都得到不同程度的发展。对学生的阅读要进行积极的评价，尊重和发展学生的个性，让学生体会阅读的乐趣。

五、研究过程与方法

1. 课题设计与调查研究阶段（2010年6—12月）

举行课题小组会议，调查关于小学生数学阅读能力偏弱的成因、影响小学生数学阅读素养形成的因素，并寻求对策，制订课题研究方案，明确研究职责，细化研究任务。这一阶段具体采用了调查法与文献资料法。

2. 实验研究阶段（2011年1月—2012年9月）

（1）注重教师教学观念的改变

这一阶段，我们组织课题组全体成员深入学习新课程理念，学习教育教学理论。通过学习，课题组成员进一步树立了以学生发展为本的核心思想，重视课堂教学中学生的自主学习，加强学生自主阅读能力与习惯的培养，为数学阅读素养的形成奠定了基础。

（2）深入开展阅读方法的指导

在探索中实践，在实践中总结。这一阶段课题组成员通过总结，确定课堂教学中重视学生数学阅读的教学思路，灵活运用"自主、高效、简单、务实"的教学模式，积极探索数学阅读策略，培养学生的数学阅读能力与习惯。

（3）结合平时课堂教学，实施数学阅读方法策略的研究与实践

课题组成员在不断地研究、总结的基础上，多次论证，构建了培养小学生数学阅读能力与素养的方法策略。

这一阶段主要采用行动研究法、讨论法等研究方法。

3. 研究成果总结阶段（2012年10—11月）

课题组成员通过分析案例材料，进行了总结性研讨，整理形成研究成果，还梳理了需要继续研究的问题，撰写了研究报告。这一阶段主要采用文献资料法、经验总结法等研究方法。

六、研究内容与措施

（一）数学阅读习惯的培养

1. 自主阅读的习惯

（1）课前预习阅读

课前预习是学习的一个重要组成部分。恰当的课前预习有助于提高学生独立获取新知的能力，学生带着预习中不懂的问题听课，也必定会增强听课的效果。课前预习离不开阅读，为提高预习阅读的针对性和有效性，教师要明确预习的范围和要求，还要设计相应的问题（或与旧知联系的带有悬念性的问题，或与新知相关的有趣练习题），促使学生主动预习。

（2）课后复习阅读

课后复习也是学习过程中的一个重要环节。及时的课后复习，不仅能巩固新知、强化记忆，促进知识的系统化，而且能帮助学生对学习活动进行有效的反思，客观地进行自身归因，提高学习的质量。正确的课后复习方法，应该是回忆、解题与阅读思考的有机结合。那种只解题、不读书的课后复习对正确学习方法、良好学习习惯的形成是有害的。因此，教师要明确提出课后复习的阅读要求，并给予必要的方法指导，使学生在复习阅读后有收获体验。

2. 阅读思考的习惯

（1）画注引思

要求学生在阅读过程中，逐步学会标符号、列标题、写评注、举实例。如用曲线标明重点词语，用"？"标出有疑问的地方，用"·"表示注意，用提纲式标题提炼概括化的要义，用小段文字注明自己独特的感受与认识，用具有典型意义的实例解释教材中抽象的表述，等等。在数学的概念教学中应该多采用此方法，这样有助于学生正确地掌握概念。

（2）问题导读

在提供阅读材料之前，教师根据教材内在逻辑联系和学生的认知水平设置一些问题，用以加强学生的注意，突出重点内容，指引思维方向，提高阅读效率。学生带着这些问题去阅读，不仅能纠正一些片面的理解，在积极的思维中逐步逼近概念的实质，而且阅读时主动投入、积极性高，进而会触发学生的数学阅读自觉行为，形成数学阅读素养。

（3）读后交流

要求阅读学习后，带着阅读中的体会与疑问，主动与老师或同学交换看法，探讨是非真伪。在这一过程中，教师一方面要努力创设一种有利于师生间、学生间情感沟通和信息交流的情境，引导全体学生投入探讨。另一方面要引导学生交流向思维的纵深发展：当学生闪现精辟见解时，要及时捕捉，并予以肯定；当出现错误或片面认识时，要及时纠正或补充；当思维停滞时，要及时引发新的认知冲突……教师要善于把握契机，充分发挥主导作用，让学生在交流中真正实现思维的碰撞和智慧的交锋。

3. 读练结合的习惯

我们知道，动手操作是促进理解、减少数学学习困难的有效手段。解题练习是巩固数学知识、形成技能技巧、培养数学知识应用实践能力的重要途径。与其他学科相比，数学学习尤其离不开操作、练习。在阅读学习中，倡导读做结合、读练结合，实际上就是引导学生把已初步理解的一些知识，运用到新的知识情境中去，用新的知识体系去解释新的现象。这种过程既是知识的复现，又有助于学生加深对新学知识的理解记忆，同时也有助于学生把凝固的认知结构转化为能动的能力，提高理论联系实际、解决实际问题的能力。经常进行这样读练结合的教学，潜移默化中，学生便养成了读练结合的良好习惯，亦即阅读素养。

（二）数学阅读教学的策略

1. 巧设疑问，发展数学思维、体会阅读方法

数学阅读教学过程的首要阶段是动机、求知欲等的激发。教师应联系学生的生活实际创设一定难度的问题情境，引起学生强烈的求知欲和好奇心，激发学生浓厚的探究兴趣，抓住时机，让学生先进行思考、探索，然后再阅读教材。通过思考、探索，激发学生学习数学的积极性和创造潜能，培养学生的钻研精神、独立思考习惯，使学生体验解决问题的数学方法，增强阅读动机。然后让学生在教师精心设置的阅读思考题的引领下，带着疑问去阅读，边阅读边思考，从而形成好读勤思的习惯。

2. 处理好讲解和阅读的关系

教师要根据教材内容的特点以及学生的知识水平、理解能力处理好讲解与阅读的关系。无论是对于较易理解的内容，还是对于抽象、难于理解的内容都可以让学生先读。当学生经过努力仍不明白时，再去讲解，讲完再读。这样做，也许会多用一些时间，但更利于培养学生的钻研精神。在讲解后的阅读中，学生体会到初读时的难点为什么没有解决，后来又是怎样解决的，领悟阅读方法，提高阅读的技能。

3. 及时回馈阅读信息，阅读讲解相结合

在学生阅读时，教师要不断巡视，了解学生的阅读情况，指导学生阅读，收集阅读回馈信息。课堂讲授不能和阅读脱节，应结合阅读来讲解。阅读完，教师要及时检测阅读质量，了解学生阅读情况。如教师可采用提问、练习、互相讨论等方式加强信息交流，检查阅读效果。根据回馈信息来进一步调整教学重点和关键，使教学更具针对性。

4. 合理安排阅读时间，留有分析思考的时间

如果阅读时间太短，学生只是泛泛而读，来不及思考，阅读就会流于形式。因此，要安排好阅读时间，使学生能静下心来仔细阅读、体会，保证绝大多数学生通过阅读能理解并记忆主要内容，能够解决问题。

5. 根据学生的年龄特点、认知水平和阅读习惯安排阅读

低年级学生理解能力较弱，可采用讲读结合的方式，设置较详细的导读提纲，逐步提高他们的阅读能力；高年级学生理解能力相对较强，可适当精减导读提纲或者不列出阅读提纲，并减少讲解。对不同层次的学生要区别对待：对于成绩较差的学生，只要求他们做到最基本的要求，不要求扩充，以减轻他们的心理压力；对于学有余力的学生，引导他们敢于质疑，既尊重课本，又不迷信课本，鼓励他们看书后，独立分析，提出自己的看法和建议，并与小组或全班或教师进行交流，这样促使优秀学生进一步钻研书本，积极思考，对于后进学生也有启发和帮助。

（三）数学阅读方法的指导

1. 被动阅读、主动阅读相结合，提高阅读效率

被动阅读，就是逐字逐句读书上的文字，弄懂书中提出的概念、定理、公式及例题。主动阅读，就是思考性的阅读，边阅读边预测、猜想、估计，并与书中的内容对照，自我评价、修正。在数学阅读方法指导上，教师应要求学生在阅读过程中在适当的地方暂停下来，去进行主动思考，力求做出一些猜测、估计，如对新概念、公式、定理内容的猜测，然后再阅读，把自己的想法与书中的过程相对比，对于例题，还可以互换条件和结论，进行变式练习，养成一题多解，一题多变的习惯。两种阅读方式相结合，可引导学生不断地再发现、再创造，体验阅读成功的愉悦感，让数学阅读过程充满探索性和主动精神。

2. 读写结合，促进理解记忆

为加强记忆，阅读中对重要的内容应进行书写或做笔记，特别是那些一闪而过的感悟、发现，应及时记录，或做眉批，或记在卡片、本子上；遇到疑难时，也可在阅读材料上做各种记号，或记录在专用的问题本上，建立自己的"问题集"，以便更有针对性地突破；阅读时，可以从阅读材料中概括归纳出证明思想、知识结构框架图或举一些反例、变式等来进一步加深理解。

3. 组织复读、深化思考

阅读完一小节，学生已对这节内容有所了解，再次阅读，学生会站在一个新的高度加深对所学内容的理解。教师可根据阅读内容巧妙布置一些阅读作业，对重要的数学概念，可让学生思考概念定义的实际背景、概念的作用、概念运用的注意事项等问题；在读完例题后，可以让学生思考例题运用了哪些思想方法？能否把例题与以前熟悉的问题联系起来？能否用不同的方法得出结果？各方法的优劣是什么？复读也指一单元或一章的内容学完后进行的复习性阅读，目的是使学生温故知新。教师可布置具体的阅读任务，通过阅读，把本章节或单元的主要知识点按若干类别加以归纳、整理、系统化、概括化，形成纲要、图表或概念图，提炼本单元或章节中出现的解题方法或解题思想方法，明确本章的重点、难点，对本单元或章节中相关的或相似的数学对象进行异同比较，加深对概念、定理的理解和宏观把握。

4. 灵活转化各种语言，领悟本质

小学阶段的数学语言可分为文字语言、符号语言和图表语言三类。数学阅读时大脑要建起灵活的语言转化机制，把阅读内容转化为易于接受的语言形式，加强理解领会。如将概念、定理"图形化"，运用概念图的形式进行理解记忆，以提高学生对数学内容本质的认识，对公理、定理等的理解运用。

5. 有层次阅读，科学建构知识

阅读可分"粗读、精读、复读"三步进行。粗读，就是全面阅读，对阅读材料的整体结构有一个初步认识，这是阅读的第一层次。当然，在这一层次，对阅读材料的把握不一定很准确，甚至是肤浅的。精读，要求理解阅读内容的本质和规律，实现对有关概念和原理精确、清晰的认识，这是第二层次。经过复读，实现对阅读内容的宏观把握，掌握其本身的结构、层次，与其他知识的横向、纵向联系，以达到融会贯通、灵活运用的程度，这是阅读的第三层次。

6. 制订阅读计划，科学安排

宋朝理学家朱熹对怎样读书曾提出过不少精辟的见解，强调读书"须知缓急""须有次序"，要做到"循序渐进"，可以为数学阅读提供借鉴。数学阅读只有目标确定，并且有一个整体的科学安排和可行的具体计划时，才能摆脱盲目性、随意性，使阅读效率得到最大限度的提高。

7. 敢于质疑，勇于创新

学生在阅读的时候，要敢于破除迷信，大胆质疑，敢于提出自己的看法，养成独立思考、积极探索、勇于创新的好习惯。

七、研究成效

1. 促进了学生数学阅读素养的形成

数学阅读须对各种语言进行转化，把不容易理解的语言转化为易于接受的语言形式，把抽象的条理不清的问题转化为具体的条理清楚的问题，用自己个性化的语言表述规范的定义或定理等，即"用你自己的语言来阐述问题"。另外，在数学阅读中也常要求在思维形式上频繁变换，从不同的角度、不同的层面去思考。所有这些都要求阅读者有灵活的思维能力，而这种能力也正是数学阅读素养的显性表现。通过研究，学生在数学课中思维活跃，数学语言的阅读表达具有层次性、严密性、逻辑性，思维能力、数学阅读能力得到了充分锻炼与提升，逐步内化发展为数学阅读素养。

（1）从学生阅读兴趣的前后对比看，小学生喜欢自主阅读的百分率提高了，不喜欢、不会阅读学习的百分率下降了。由此可见，数学阅读素养的培养是切实可行的，具有明显的成效。

（2）从对学生家长调查的情况来看，大多数家长反映，孩子变了，变得会学习了，能够安静地自主学习了，并有了良好的数学学习习惯。

（3）数学阅读训练可以丰富学生的数学语言，提高学生语言的规范性和准确性，特别是数学语言水平的提高。参与研究的教师体会到，学生不但上课思维活跃，自主积极，而且对数学语言的理解感悟具备了一定的能力，解决问题的能力也提高了，促进了学生的个性化学习。

2. 转变了教师的教学理念，变革了教学方式

（1）转变了教师的教学理念

教师的教学观得到了转变，教学方式得到了更新，课堂教学能够充分地体现学生的主体地位，关注学生的个性化学习，重视学生的学法指导，突出学生学习能力的培养。

（2）提高了教师的研究能力，取得了丰硕的研究成果

教师课题研究能力得到进一步提高，如制订研究方案，实践案例分析，调查法和谈话法的运用，成果的总结与思考等。同时也取得了丰硕研究成果：王恒干、姚海霞等多名教师在省、市、区赛课中荣获一、二等奖；课题组成员多人次在市、区开设公开课；汇编形成数学阅读教学个案集、论文集；有近30篇课题论文在各类报刊发表或获奖。

八、后续思考

经过两年多的实践研究，课题组认为，在数学课中培养学生的阅读能力，是一项有价值的研究活动，数学素养的培养是数学学科教学的重要任务。小学生数学阅读素养是可以培养的，培养的形式、策略、方法呈现着多样化。通过数学阅读素养的培养，可以有效地激发学生的数学学习兴趣，提高课堂教学效果，培养学生自主学习的能力。但在研究的过程中，我们也清楚地看到了，其中确实存在着不少困难和问题。因为数学语言的阅读是抽象的、困难的，是一项长期而艰巨的工作，要进行小学生数学阅读素养的培养，教师的有效指导很重要；要进行小学生数学阅读素养的培养，还要注意培养学生良好的阅读习惯；学生数学阅读素养的培养，不是一时一刻就能完成的，需要坚持下去，才会收到事半功倍的成效。教师要结合每一堂课，有针对性地引导、帮助学生，逐步递进，让学生养成数学阅读的习惯，积淀数学学习的方法兴趣，渐而发展为数学阅读素养。

（文章系国家课程标准苏教版小学数学教材教学科研课题"小学生数学阅读素养的培养研究"的结题报告）

第五篇

教育管理

本篇章呈现的是作者由普通教师成长为学校的管理干部过程中的所行与所思。从中可见其对学校教学管理的独到见解，以及学校办学管理的成功经验，更能体现其执着的教育情怀，以及对小学教育的迷恋。

新时期校长角色之我见

　　一个校长就是一所学校。此语颇有道理，正道出了在学校的发展过程中，"校长"这一角色的重要与关键。确实，校长是一校之魂，更是学校的一面旗帜。在市场经济的今天，科技发展日新月异，对人才的渴求日趋迫切，人民期盼"更好的教育"的愿望便显得愈加的急切。然而，"更好的教育"需要优质的学校来实现，优质的学校需要有深厚宽广的内涵与底蕴。那么，在学校内涵的发展中，校长应该是一个什么样的角色呢？

　　一所著名学校的校长曾言，一个内涵发展的学校校长既要"做好自己"，率先垂范，树立榜样旗帜，提升自我人格魅力，更要"成就他人"，创设平台，创造机遇，团结与发展学校的每一位教师，打造优质师资团队。基于此，结合个人的实践与思考，文章试图从三个方面来论述新时期学校校长角色的内涵要义。

一、时时处处做模范——走在"人"前

　　校长要做思想理念的践行者。苏霍姆林斯基在与青年校长的谈话中这样讲道："领导学校，首先是教育思想上的领导，其次才是行政上的领导。"校长应是学校共同愿景的规划者，需要拥有更多的知识储备，更深的理论素养，更远的前瞻目光，更高的精神境界，努力成为教师心目中的一个标杆。针对学校的历史与现状，顺应教育的趋势与要求，我校提出"让教育温润生命"的办学理念，尊重生命，遵循规律，幸福成长。教育应该是温暖的，是那自由、创新、快乐的"一方池塘"，服务学生，使其自然成长；教育应该是和润的，就是点燃的那"一束火焰"，启迪学生自己成长；教育更应该是温润的，就是推开那"一扇大门"，引领师生自觉成长。

　　校长要做专业发展的引领者。苏霍姆林斯基说过："学校领导人只有不断完善自己既作为教师又作为教育者的技艺，才能充当教师和学生的优秀而有威信的指导者。一个好校长，首先应当是一个好组织者、好教育者和好教师。"因此，校长要具备较高的专业素养，成为学术教研的领头人，要有底气地喊出让教师"向我看齐"，引领与促进教师的专业成长。校长的权威并非权力赋予的，而是个人的学识与智慧、内涵与修养所赋予的。全国著名特级教师、苏州市盛泽实验小学的薛法根校长，溧阳市实验小学的芮火才校长就是突出的代表。"职务是一时的，业务是永恒的。"我始终坚持这一点，校长首先应该是业务之"长"，然后才是管理之"长"。我不断修炼自我的学术素养，努力提升专业发展成就，继区名教师、学科带头人之后，又被评为市教学能手，参加省市优课竞赛均获一等奖。以我为蓝本，引领教师孜孜以求在学术研究上追寻专业成就的幸福。

　　校长要做教育实践的示范者。孔子曰："其身正，不令而行。其身不正，虽令不从。"身教胜于言教，喊破嗓子，不如做出样子。"做"得好，"说"才会有分量；"行"得正，"言"才能有感召力。所以，校长要身先士卒，时时处处走在"人"前，以身作则，做教育改革的先行者，学在先，做在前。担任校长以来，我大胆提出："要求教师做到的，我首先要做到。"我坚持读书学习，利用每次的教师集中机会，与大家分享读书心得，"推荐一篇文章、畅谈一点感想"已成为我校教师会的"必然"。我努力参与学校的各科教研，带头为教师上示范课、观摩课，还适时推出全校教师共读一本书，人人上好一节课，天天反思五分钟，个个有个小课题等教研举措。当然，校长还应是师生的保护者。教师有困难，要及时出手，给予帮助；学生有危险，就挺身而出，挡在前面。

二、适时大度居幕后——退于"人"后

　　李希贵校长树立"教师第一"的思想。一所学校，教师是学校发展的核心竞争力，促进教师主动发展，是校长的首要使命。校长的办学思想，教育理念只有被教师所认同、所接受，通过教师的口表达出来，让"自己的话"变成"众人的话"；通过教师的行体现出来，转化为教师的教育教学行为，才能真正得以实施。因此，校长要善于隐居幕后，创设平台，创造机遇，适时大度地

把教师推向前台，推上舞台。要善于激发教师的主人翁意识，做教师工作热情的激发者，做各项活动的幕后策划者，将展示的舞台让给教师，把话语的权利交给教师，把奖励与荣誉让给教师。苏州市盛泽实验小学的薛法根就是这样一位无为而治、大智若愚的"幕后"校长。他长年在全国各地做报告、讲学，在学校里你很少看到他的身影。高明的校长总是和风细雨、润物无声，从不长篇大论地激情宣讲，也不声嘶力竭地发号施令，但学校管理照样运筹帷幄。大概这就是校长的管理智慧、工作艺术之所在。学校就是个大家庭，校长是一家之"长"，要有宽广的胸怀，容人容物，悦纳学校的每一位成员。对待教师，也要像对待学生一样，高调表扬激励他们的优点，委婉适度地指出他们的缺点，鼓励他们进步，宽容他们的错误，做教师的坚强后盾，做他们的支持者、帮助者和服务者，用自己的人格魅力让每一位教师信赖。

在我的学校，坚持条块结合与项目管理模式，努力让"人人有事做、事事有人管"。中层以上干部实行"项目管理"，每位中层干部独立负责一项工作，责、权、利一致，权利层层有、任务个个担、责任人人负，做到人人都管理，处处有管理，事事见管理，改进工作作风，提高工作效率。教师实行"年级部团队式"管理。每个年级为一个管理单元、一个独立"责任田"，由中层行政人员兼任年级部主任。年级部主任与班主任一起全权负责本年级的行为规范、学习常规、习惯养成等。年级部主任不仅要管学习，还要管德育，不仅要管教学，还要管生活，某种意义上就是在管理一个"小学校"。实践证明，"年级部团队"管理机制整合并盘活了管理资源，放大了管理效应——自"上"而"下"即由"校级""中层""班主任""班干部"层层配合，每个班级时时有人管，事事有人管，这种方式延伸了管理内容，提升了管理绩效。这样，我就可以悠然自得地退于"人"后，精心谋划学校发展的新方向、新思路，静心沉浸于学术研究与教育科研中。

三、积极勇敢扮自我——融入"人"中

1. 扮好校长经营角色

在市场经济体制下，学校也不能自我封闭，一味地成为"象牙塔"，需要积极地融入社会大群体，集聚社会各方面力量与智慧，促进学校的发展。因此，学校的管理有时更多地需要去"经营"。校长要具备经营学校的理念和经

营学校的本领，为学校谋发展，要与方方面面处好关系，争取多方对学校、对教育的理解支持与帮助。无论是上级部门、兄弟学校，还是企事业单位以及社区，都是学校发展的重要资源。校长要积极争取他们的资金、政策支持，充分发挥利用工厂企业、街道社区等资源，寻求教育共建，谋划学校发展。

2. 扮好教师朋友角色

在人格上校长与教师、与学生是平等的。要做个好校长，不仅要做表率，还要尊重教师，尊重学生，尊重家长，与他们和谐相处。融入教师集体之中，了解教师，倾听他们的心声，让教师信而近之，不要敬而远之。我校坚持"温暖行动"很多年，已成为学校工会工作的一个品牌，得到了教师们的充分认同与好评。无论教师个人还是家庭的大小红白喜丧事宜，还是身体健康、子女教育、升学就业、恋爱婚姻家庭等，我都努力做到走在最前面，第一时间送上祝福与慰问、指导与帮助，让学校有"家"的温暖，让教师有做人的归属感、职业的幸福感。

3. 扮好家庭成员角色

家庭的幸福是事业成功的基础和保障，在生活中校长也是自己家庭的一员，要扮演好各种角色：恩爱的好夫妻，负责的好父母，孝顺的好儿女。既要顾好学校"大家"，又不舍自己"小家"的校长，会更加可爱可敬可亲。有了坚强的后盾，校长工作起来才会无后顾之忧，才能更加勇往直前。

人们常说，有什么样的校长就有什么样的学校。一所学校，有高素质的校长，才会有高品位的内涵；有大气的校长，教师与学生才能成大器；有幸福的校长，才会有教师的幸福和学生的快乐。

校长要有声有色地工作、有滋有味地生活、有情有义地交往，成为一个有胆有识的人、有勇有谋的人、有血有肉的人。校长更要确立终身学习的理念，不断丰富自己，与时俱进，率先发展，成为教师专业发展的领跑者和幸福成长的助推器，发展自己、发展教师、发展学生，进而更好地发展学校，为教育的梦想而努力前行。

（文章发表于《教育文汇》综合版2015年第6期）

重教勤研　研教相长
——当前教师教研现状分析及思考

教师第一，教帅发展学校，教师是学校生存与发展的核心竞争力。教师的教研意识与能力是促进其专业发展的必备素质，教师教研工作是锻炼培养优秀师资的重要载体。然而，反观当前教师的教研现状，"只教不研"或"研而不教"的教与研严重脱离的问题普遍存在。结合自身管理实践与研究，文章试图对此问题做深入的分析与思考。

一、当前教研现状成因分析

1. 只教不研

教师教研为何会出现只教不研的问题。细细分析，原因大致有三：一是因为教师的惰性，而懒于教研。教师长年从教在单一的学科岗位，日复一日、年复一年的重复性工作，让教师对教育教学失去了新鲜感，累积了一些想当然的陈规陋习，形成了习惯性的教学套路，长期沿用。自身的惰性，加上多年的积习，使其懒于在教学上突破自己，更新观念，变革教法。二是因为校际的竞争、升学的压力，以及学校对教师教学业绩的片面考评，迫使教师过于看重教学质量，而疏于教研。质量是教师教学之本，教师视质量为立身之基。而通过教研来提高教学质量，一方面进程缓慢，难以"立竿见影"；另一方面教师觉得"费时劳神"，成效还不够显著。因此，教师更多的是急功近利，把有限的时间充分地花费在"教"上，哪怕是低效教学，即便是"死缠烂打"，总能见一点成效。自然地，教学研究便疏于不理。三是因为"教学经验"使然，而轻视教研。多年的重复劳动，天长日久，教师便形成了具有自我特色的教学"经验"，终日"陶醉"其中，自我满足，对于教学研究更是轻而视之。

2. 研而不教

工欲善其事，必先利其器。研是教之基，欲教必先研，教研合一，研教相长。然而，教师教研又为何出现只"研究"不"践行"、为"研"而"研"的现象？纵观现行的教育科研机制，便可晓之一二。出于写论文、做课题研究的功利目的，教师要晋级、要评"先"，而不得不做教研。阅读一些理论书籍，学习一些时髦名词，思考一些研究论题，而拼凑一些伪劣教研论文，开展一些虚假课题研究。因此，所谓的"研"也是假教研，流于表面，与实际的教学行为严重脱节。所谓的教师专业发展也变成一种虚假成长。再则，学校对教师的考评机制不够科学合理，教是教，研是研，考"教"与评"研"相脱离。

二、教师专业发展有效策略

如何改变这一现状，笔者认为关键在于教师的观念转变。教师自身如何看待"教"与"研"的关系，工作中如何践行"教"与"研"的结合，核心在于教研的管理实施，切实推行教研合一、研教相长的专业发展理念。如何真正促进教师的专业成长，学校管理层面应多加思考，帮助教师打破"研"与"教"之间的壁垒，引领教师感受体验"教而研，研辅教"、教研相长的优越与获益，从而促进教师积极主动地重教勤研，加速自身的专业成长。

1. 示范引领

唯有教师的发展才会有学校的发展，教师的发展是学校持续发展的核心动力。作为学校管理者，要树立起这样的教师发展观：不要拘泥于教师短期的绩效体现，斤斤计较于教师的教学"分数"，而要有"放长线，钓大鱼"的长远眼光，着重点放在教师的学术水平与业务能力上，既要注重教师的"教"，更要关注教师的"研"。为此，首先，要在学校层面上营造浓厚的"重教勤研"的教研氛围：教，教得高效；研，研出成果。两者相融共促。其次，学校管理者要率先垂范，以身作则。"有什么样的校长就会有什么样的教师。"管理者的专业成长，就是教师的一面"镜子"，能够潜移默化地引领激励教师积极主动地推进专业发展。最后，要树立典型，榜样示范，以点带面。要善于发现教师周边的成功案例，寻找既关注"教"但不是"埋头教书"，又关注"研"而不是虚"研"假"究"，教研合一，研教相长的典型，树而立之，放而大之，引领教师的发展方向，激励教师教研并重的专业成长。

2. 规约保障

为保证教师教研的实效，科学、合理的规约制度保障甚有必要，能够促使教师积极主动地走教研相长的专业发展之路。一方面，要建立起符合校情师情的考评机制。学校在教师的综合考评中，既看重"教"的业绩，又要关注"研"的成效，教研并重，督促引导教师的专业发展。甚而，在教师"研"的考评上制订出详尽可行的质与量的明确要求，并与教师切身利益相关的晋级评先挂钩，明确教研成果为必要条件、重要依据。另一方面，学校要立足校本师情，制订切实可行的教师发展规划。根据教师现有专业发展状况，制订有层次性、递进式的个性化发展目标，让每一位教师都能找准位置，瞄准目标，小步快走，有想法有作为。从而，真正地为学校教师发展规划指引方向，促使教师自我发展目标措施落到实处。

3. 修炼践行

教师的专业成长需要机遇，也需要平台。学校要努力创设机遇，搭建平台，让教师修炼，促教师践行。例如，专家引领：邀请专家学者来校讲学、研课，让教师零距离接触体验，给教师"最近发展区"式的指导帮助。名师结对：聘请特级教师与青年教师结对，建立名师工作团队，给予教师全方面、全过程的引领提携。理论给养：广泛订阅大量理论书籍、教育报纸、杂志，让教师随时能接收到最新的前沿动态信息。专题研讨：组织专题式的研讨沙龙，带领教师研透一个专题，努力覆盖一方领域。展评交流：以比赛、交流等形式，组织教师进行业务技能展示评比活动，促进教师互比互学互助。考核评先：阶段性地组织目标考核、成果评估，开展"名教师""学科带头人""教学能手"等荣誉称号的评审。教师在这些机遇平台上，不断地"打磨"，不断地"获取"，专业成长也就有了"奔头"，更加有了工作激情与干劲，教师的专业发展也就迈上了"快车道"。

科研兴教，教研兴校。学校持续发展的动力，源于教师的学术素养与教研能力，而教师专业素质的提升，唯有重教勤研，方能研教相长。

（文章发表于《新语文学习》教师版2011年第2期）

班级自主管理刍议

　　班级是学生学习生活的基本单位，是培养学生全面发展的摇篮。在班级管理中应注重培养学生的自主管理能力，充分调动学生自主管理班级的积极性与能动性。这样，既培养了学生的班级管理能力，又能让班主任在以后的工作中省心、省力，还能培养出一批具有管理实践才能、富有创新意识的班级管理人才。近年来，在学校课题"小班化教育中班集体的建设与学生自主能力的培养"的引领研究下，本人着重从班集体自主管理能力的培养方面进行了探索与实践，取得了一定的成效。

一、结合班情学情，创建管理组织

　　新接手一个班级，必然要了解学生情况，而选拔班干部就更需要了解哪些学生在以前班级担任过什么样的职务，同学、老师评价如何等，有了这手资料，选拔班干部时方向就比较准确，可以少走些弯路。情况不太了解的，就要靠教师在平常与学生的接触中去分析、去发现哪些学生适合担任班干部。当然，也可以让每个学生轮流尝试，担任一段时间的小干部，锻炼展示一下，从中发现每个学生的特长与个性。比如，我班的班长以前就一直担任班长的职务，组织能力强，而且胆大心细有创新意识，缺点是太凶，经常不能以理服人。了解了这些情况，我认为组织能力强，胆大心细能创造性地工作这两个条件很重要，至于那些缺点在今后都是可以通过教育改善的，于是就确定了班长。然后，以班长为核心组建班级管理团队，健全班级组织。

二、转变管理观念，培养管理能力

　　1. 班干部要管理好班级，自身素质要高，这就是说，要求别人做到的，自己一定要先做到。要达到这个标准，班主任就应激发班干部主动学习践行各类行为规范，让他们能够自觉运用学生日常行为规范来约束自己，从而率先垂范、以身作则，树立起长久的管理威信。

2. 班主任还要转变传统的陈旧观念，班级各项事务积极放手交给班干部。要能考虑到每一个班干部的个人特长，让他们有自由发挥的空间，积极培养他们的自主性，而班主任最好扮演一个知心朋友的角色，起指导帮助和监督作用就可以了。比如，在召开班委会时，我总是让班长去通知，会议议题也告诉班长，由班长担任主持人，这样一两次后，他们就能自行主持会议了。以后，我只是作为列席代表参加会议而已，班级的大小事务处理都由班长牵头其他班委具体负责，真正实现学生自主管理，体现班级管理的自主性。

3. 在学校安排的活动和班级自己组织的活动中，班主任要能够多听取意见，提出综合性、合理化建议，尽量发挥班干部的创造性。不过班干部开展工作并不是一开始就能一帆风顺的，只要班主任能为他们掌好舵，再大的风浪也能挺过来。在各项工作开展中，班主任的个别指导非常重要。比如，文娱委员开展文娱活动，常常需要全班同学参加，在他召开全班会议时他的发言应该具有很强的鼓动性，才能激发全班同学的积极性。班主任可以事先听取文娱委员的想法和说法，在不足之处给予指导、改进，保证活动的有效开展。

4. 每一个班干部的教育培养，虽然凝结了班主任的许多心血，但我认为班干部最好还是不搞终身制，而应该创建一个优化的动态过程，让同学们感觉到班级中的每一个学生都有希望成为班干部，而每一个班干部都要有危机感：如果我不够努力，将会有其他同学顶替我的位置。另外，我为了能让更多的学生尝试当班干部，实行了班级小干部轮换制，给每位学生提供锻炼展示的舞台，取得了较好的效果。

三、实施自主管理，探索管理模式

在逐步实施培养目标的同时，班主任要对班级管理办法做出规定，如班级公约、奖罚制度，建立相应的管理体系，如班长、副班长是班级管理体制的主管，学习委员、各科课代表主管学习，等等。另外，还要发挥少先队组织在班级中的管理作用。这样一来，班级中的绝大多数人都能成为一项工作的管理者，同时自己也是其他管理者的管理对象，形成一种人人平等，人人有责，相互牵制，相互竞争，相互促进，相互交融的良好机制。这样的管理方式既有别于班主任一统天下的管理方式，又区别于随意性、放羊式的管理方式。可以说是在班主任的指导下，全体学生共同参与实施的班级管理制度，能够调动所有学生的积极性、主动性。人人有事做，事事有人管，使每一个学生都能成为班级的"主人"，既锻炼培养了学生自主管理的能力，又能达到学生自主管理班级的目的。

"十年树木，百年树人。"总之，每一种人才的培养都要有计划、有目的地进行，每个实施培养目标的人的观念是影响被培养者的关键。放眼未来，班级自主管理是培养顺应时代潮流的、面向世界的新一代人才的有效举措。作为教师，要有与时俱进的育人观念，还要有积极实践、不断反思的教育意识。这样，我们才能有效履行教书育人的职责。

（文章发表于《江南时报》教育版2018年10月）

强化校本管理　提升育人质量

近年来，在义务教育优质均衡发展的大背景下，学校紧紧围绕"让教育温润生命"的办学理念，始终把"质量为本"作为发展内核，把提升育人质量作为永恒主题，全面推进校本化运行机制，建立起学校教学质量的保障体系，在继承中发展，在实践中创新，在思索中前行，取得了一定的成绩。

一、校本管理，在继承中创新发展

质量的加速器是管理，学校以校为本，制定了一系列行之有效的管理制度和操作策略，在制度框架内进行有效的教学管理。

1. 教学管理制度先行

学校先后出台集体备课制度、听课评课制度、教学研讨制度、教育教学一日常规检查制度、教研组工作制度等，制定《实施素质教育考核评估细则》和《专职技能课教师质量考核方案》，召开专门会议对这些制度进行详细解读，并贯彻到全体教学人员和教学工作全过程。近年来，学校深入推进"教师阅读促进工程""教师练笔提升工程"等，为全面规范教学行为、提高教育质量提供保障。

2. 操作策略细化可行

一是优化教研活动模式。形成以"中心组活动"——教师讲坛、专题讲座，"学科组活动"——专题研讨、技能培训，"教研组活动"——理论学习、热点讨论、备课交流为序列的三级教研体系。二是推行"三字经集体备课法"。每周四集体备课，"学""研""备"三步走：第一步专题学习。主讲人带领组内教师学习教学理论，双周还增加了观摩精品课例。第二步话题研讨。结合学习内容，进行话题研讨。第三步主题备课。教研组集体讨论下周教学内容，主讲教师讲备课思路、教学设计，教师们各抒己见，智慧共享，现场修改教案，发到工作群后，随时可以修改、编辑、添加教后反思。三是优化作业设计与批改。推行年级组自查互阅，学校每周抽查，每月普查制度；制定《作业设计与批改规范》，作业设计组内研，形式多样重实践，作业时间按规定，收交批改有规范。

3. 调控保障全面到位

一是三级调研机制。学校积极落实质量调研制度，明确校长分工，推行分级调研制度，构建"校长室—教导处—年级部"一体化调研体系，要求每周选择一个重点项目进行调研，将管理重点从"查漏补缺"变为"全程调控"。二是专项督导机制。对于调研中发现的问题，开展教学专项研究与督导。对影响教学质量的因素进行梳理，开展专题研究活动，如对《数学课程标准》解读、课堂教学拓展、教学共同体构建、现代媒体使用等方面的问题进行专题研讨。三是信息反馈机制。学校建立学科教学横向与纵向研究分析标准，建立学困生跟踪分析记录档案，定期召开质量分析会，同时拓展家长有效参与途径，建立"家长学校"和"家长委员会"，定期开展家长测评活动，利用校园网留言平台及时收集反馈社会和家长对教育工作的意见或建议。

二、校本科研，在实践中丰富内涵

质量的起源地在教师，学校积极打造以教师为本的研修模式，开展各科教师"岗位练兵"活动，推进教学基本功和学科专业技能竞赛，让教师研修从静态的被动接受走向动态的自主发展。

1. 创建常态化操练平台

一是推进教学基本功大赛。实施"以赛促培"策略，每学年利用暑期教师学习班推进教学基本功和学科专项技能竞赛。竞赛内容包括教育理论、三字一话、信息技术等方面。竞赛做到"三全三进"："三全"即"全员练兵，全真模拟，全面评价"；"三进"为"特长再精进，弱项有长进，教学有改进"。这既是学校校本培训的站台，也是教师专业成长的平台与展示的舞台。二是全面"聚焦课堂·常态教研"。每学期，各教研组采用"同课异构""轮课"的形式，进行常态课堂教学研究，靠船插篙，提升课堂教学效率。每学年春学期，40周岁以下教师各科竞赛课，秋学期骨干教师示范课、研究课定期展示，

"有效课堂—智慧课堂—魅力课堂"逐步呈现。

2. 拓建多层次培训路径

如何使教科研活动引领所有教师提高，引发所有教师思考？学校应充分利用校内外资源，开展两个层面的研究活动。第一层面"高位引领·深度研讨"——专家讲座，邀请师范学院专家博士进行教育学、心理学讲座；作为区数学教研活动基地，学校邀请数学特级教师来校做专题讲座；请教科院领导专家进行课堂教学指导点评。这些讲座，高屋建瓴，提升教师们的专业素养。第二层面"组本研修·专题对话"，充分利用学校获得市、区级学科带头人教师的优势，整合各方面力量，进行关于班主任、课堂教学设计、课堂教学评价等专题讲座，并进行充分研讨。

3. 打造特色性沙龙活动

一是举办教师共读共享活动。学校每学期向教师推荐一本好书，全员参与读书活动。教研处将章节定位到人，重点解读，每周三、四分教研组交流读书体会，分享读书的喜悦。二是做精"相约周一"教师讲坛，与名著对话、与问题对话、与同伴对话，教师们畅所欲言，有的讲困惑，有的介绍经验，有的用理论进行引领，有的用案例进行剖析，问者追根究底，答者深入细致，进行教学的交流、智慧的碰撞。

三、校本课程，在个性中凸显亮点

质量的落脚点是学生，学校在严格执行课程标准的基础上，尊重学生的身心发展规律和个性差异，积极整合基础性课程、拓展性课程和研究性课程，全面推进学生本位课程。

1. 构建校本特色课程

长期以来，学校一直进行校本文化课程的整体设计和建设。目前，已形成多维立体的课程体系。一是"诵诗集"。将一年一度金秋诵诗会上各班自创自导的诗歌作品汇编成册，在此基础上形成的系列教材融入课程体系，深入推进。二是"三爱"主题教育活动。开展富有特色的"三爱"行动，即爱自己、爱他人、爱家园，把阳光与健康的种子播撒到学生的心灵。三是"四建阅读"。创建阅读基地、组建阅读社团、搭建阅读平台、塑建阅读品牌，建立"晨诵午读"制度，每周开设课外阅读指导课，让书香浸润童年，让阅读点亮人生。

2. 搭建个性发展平台

学校关注每个学生的个性、志趣和愿望，关注学生的自主性生命体验，积极搭建适合学生个性发展的活动平台，力求让每一个学生都能自由成长、自由发展。学校积极执行新课程计划，创造性地实施课时改革，二、四、六年级每周三下午半天，一、三、五年级每周五下午半天，全面推进综合实践活动的开展。各年级活动有方案，有过程，有反思，有报道，动静结合，校内外结合，教育活动与学科教学活动相结合，多个品牌活动项目深受广大师生的欢迎。学校把少儿社团的建设作为亮点工程，深入推进蓓蕾艺术团、雏鹰围棋社、小书虫俱乐部等九大少儿社团建设。在形成序列、层层推进的社团活动中，搭建灵性飞扬的活动载体，融合学生的特长，开辟成才的自由通道。学校还科学规划、精心设计了一系列整体联动的大型文化活动，成功塑造和推广了"读书节""数学节""英语节""艺术节""体育节""诗歌节"，在校园里掀起了一波波热潮。目前，"六节活动"正朝着科学化、序列化、精品化的方向发展。

3. 拓展家校沟通渠道

学校高度重视家校工作，构建家庭、学校合作机制，拓展学校与家长之间的沟通渠道。一方面通过建立家长委员会制度，家长代表会议制度，家庭、社会反馈制度，社会实践基地联系制度等，引导家长参与学校的管理，为学校的教育教学工作建言献策。另一方面通过开展丰富多彩的家校联谊活动，如家庭教育专题讲座、亲子运动、家长座谈会等，促进家校之间的沟通交流，增进感情。此外，学校还通过校信通、电话、信函、网络家校平台等多种渠道加强家校之间的联系，提高家长的家庭教育水平，引导家长积极创建"学习型家庭""书香家庭"，形成教育合力，促进学生的个性发展，培养学生的综合素质。

以上是我校在提升质量，优化管理方面的实践和做法。今后，我们将在虚心学习兄弟学校先进经验与优秀成果的同时，进一步总结和完善实践经验，进一步树立全面质量观、全程质量观、全员质量观，努力实现育人质量的稳步提升，焕发温润教育的恒久魅力。

（文章系盐城市亭湖区"校长论坛"交流发言）

改革培养机制　引领教师成长

——师资队伍建设和深化人才培养体制改革工作汇报

我们认为：教师肩负着塑造学生精神生命的神圣职责，从事着世间最复杂的智慧劳动，教师的职业不仅是传承过去，更是创造未来。教师的职业定位：在学生未来对社会的贡献里，发现自己的人生价值，在学生今日之爱戴与未来的回忆中，寻找富有乐趣的教育人生。近年来，学校狠抓教师队伍的建设，提出"让教育温润生命"的成长理念，因为"成长"是生命的主题，是生命存在的标志，是生命内蕴的力量，生命在，成长就在，成长与生命相伴。在师资队伍建设中我们惊喜地发现，"成长的感觉"在学校教育中弥漫升腾。

一、搭建平台，铺就教师成长之路

教育质量是立校之本，要提高学校的教育质量，首先要提高教师的教学水平。但是现在很多的教师满足于日出而教，日落而息，觉得只要能基本胜任本职工作就可以了，逐渐出现职业倦怠，严重阻碍了自己专业的发展。为此，作为管理者，我们需要努力为教师搭建平台，创设机会，努力促进教师专业成长。

1. 名师导航

近年来，我们不断派出教师到区、市、省取经学习，聆听窗外的声音，并且已经形成了许多学习惯例，如每年上半年必须参加南京师范大学和东南大学携手组织的"现代与经典"活动，并且由前几年的语文、数学学科的部分教师增加到现在的语、数、英三门学科的所有教师，力争让每位教师都能与大师面对面、零距离接触，力争不让一位教师在业务水平上掉队落伍，体育、音乐、综合等学科的教师也不例外。教师们在校外名师的引领作用下，从大师的课堂中感受到新课程新理念、新方法新思路，回来交流汇报时常常有茅塞顿开、拨云见日之感。"博观而约取，厚积而薄发"，渐渐地，学校不少教师的课堂成了学生向往的最爱，成了我校课堂教学的骄傲。同时我们也充分利用身边的教师资源，打破"熟悉的地方没有风景"的固有观念，请本校的骨干教师分学科做示范教学、做精彩的专题讲座，积极开展校本教研，均受到教师们的一致好评。有大师的指点引领又有"草根"的榜样示范，教师们怎会不幸福呢？

2. 好书引领

当下的世界被"物质至上"绑架，一切朝"钱"看，我们的灵魂日益萎缩和空虚，只剩下一个在世界上忙碌不止的躯壳。如此，只有读书，可以改变教师的精神、气质和品性。"腹有诗书气自华"，书籍让教师不再自甘平庸、俗不可耐。只有爱上读书的教师走上课堂，才不会照本宣科，更不会捉襟见肘。所以几年来，我校通过教师共读一本书，共赏一本书，共析一本书，共写读书笔记等系列读书活动，让教师在共读魏书生的《班主任工作漫谈》、苏霍姆林斯基的《给教师的一百条建议》、陶行知的《行知教育百篇》中再次走近大师，走进名师的课堂教学艺术，在读书交流中产生思维的碰撞，让教师的专业素养在共读中提升。

我们欣喜地看到，教师的案头上多出了一些教育教学的书籍和杂志，每周一次的"美文推荐时刻"，常常让教师们直呼不够过瘾；每月一次的读书交流会上，10分钟的"精彩发言"常常在不知不觉中延时；每学期一次的"好书推荐时"常常是争先恐后……我们的教师正是在书籍中得到成长。爱读书的教师怎会不幸福呢？

3. 师徒结对

我校采取了"师带徒，徒促师，共同提高；抓两头，带中间，整体优化"的师徒工作策略。首先建立了相关的制度，明确了师徒各自的职责。如师父要承担"三个一"的责任，即每人承担一项区级以上的教改课题，每人每学期至少上一节校内示范课，每人至少帮带一名新（青年）教师。徒弟做到"三主动"，即主动请师父听课，主动听师父的课，主动听取师父的意见。

在校内师徒结对的同时，我们还积极创造机会，让校内骨干教师主动与身边的特级教师"亲密接触"，如我校教师申请参加了市区的名师工作室。在工作室的培养中，教师们的业务水平迅速提高，并相继被评为盐城市学科带头人、教学能手等。有名师的指引，又有快速的专业发展，这样的教师怎会不幸福呢？

4. 四课驱动

每学期，我们都要根据教师的实际情况，坚持上新教师过关课、青年教师展评课、骨干教师示范课、年级组教师轮流课等，通过对形式多样的课堂教学的听、评课，以周内的教研活动、QQ教研群讨论等方式丰富教研内容与形式，进一步提升校本培训的实效。这样做，既帮助个别教师尽快提高课堂教学水平，又让更多的教师不断完善自己的教学艺术，从而推动学校整体教学质量的提高。另外，我们还积极创造机会让教师在不同场合，面对不同学生进行教学"练兵"，如送教下乡、区际教研、校际交流等。尽管上课磨课的过程是痛苦的，但通过这一系列教学活动，一大批教师在区级以上的教学基本功大赛中频频获奖：区组织的青年教师基本功大赛，多名教师获一等奖；区青年教师赛课活动，多名教师获一、二等奖。上课的本领强了，又有荣誉证书激励的成就感，教师能不幸福吗？

5. 写评互动

写作，是思维的体操，也是教师再思考、再探究、再学习、再提升的有效载体。因此，我校积极倡导教师把自己的学习与思考用文字的形式记录下来。我们要求每一位教师每节课有自己简单的教学反思，写在备课笔记上，同时要求每位教师每月写一篇高质量的教育随笔或教学手记，于每月20日之前将电子稿发给我。开始了，便从没间断过，一年来，我们已形成了一本厚厚的教师文集。

为了放大教师撰写论文的效应，作为校长的我坚持每篇论文认真阅读，每篇因人而异、因文而异地撰写点评。感人肺腑、三言两语的点评，虽然不能减轻教师的工作，但一句鼓励一句关切的问候能够给教师的内心带来温暖。校长给教师写评语，双方有一种很好的沟通互动，正如期末班主任给学生写评语一样，公正客观合理的评价无疑会增进彼此的感情，达到情感上的和谐，增强集体凝聚力，形成和谐的校园氛围。公正客观、体现赏识和期待的评语，饱含深情的温馨祝福，使教师受到了极大的鼓舞，不仅进一步融洽了学校管理者与教师之间的感情，增强了学校的凝聚力和向心力，更重要的是教师似乎格外留心身边的教育问题，感情也变得更细腻了，"问题"学生也不成问题了……看得出教师们的写作水平也在不断提高，从我自己的教育随笔发表的那一刻起，我坚信我们教师的随笔会有更多和外面交流的机会，因为他们所写的事例很鲜活，他们的表达很真实，因为他们每天都在关注着身边的教育、自己的学生。一群爱思考的教师，感受着学生的变化与成长，能不幸福吗？

二、机制改革，点燃教师成长热情

1. 建立信任机制

学校管理层，特别是领导层和教师之间的信任机制，是教师队伍建设的情感与心理基础。古人云"士为知己者死"，古今同理。从本质上讲，管理就是一种服务，以人为本是现代管理遵循的最核心理念。优秀的管理者都懂得通过给管理对象提供需要的服务，赢得他们的支持，通过提供高质量的服务，换取大家的信任。因此，作为学校管理层，特别是领导层，必须树立"以人为本""依靠教师办学校"的管理理念。把对教师的高标准、严要求奠定在对教师的高质量服务的基础上，奠定在与教师心与心的真诚沟通与信任的基础上，奠定在实实在在的民心工程的基础上。

几年来，我校实施教师"温暖工程"：教师个人与家庭凡红白大事、喜事，学校工会会在第一时间送上祝福与慰问，增强教师的归属感；50周岁以上及年老体弱的老教师、子女初三高三年级的教师给予一定的考勤照顾，教师家庭安定，个人心定，工作方能用心用力；每年教师节当天的清晨，我都会用手机给全校每位教师发上一条祝福信息，让教师有一天的好心情，更能感受职业的荣光；教师临退休前，直接占用年度考核名额给个"优秀"，光荣回家，增强老教师的工作责任感与自豪感等等。一些小举措，既温暖了人心，更赢得了教师对学校的信任与肯定。

2. 实施名师工程

"名校之名非在名门，而在名师。"名师可以说是立校之本，名师可以为学校赢得声誉、扩大影响。名师不是摆设，而是课程改革的领头羊、排头兵，所以"名师工程"既为工程，也就是一个系统，不是临时的应急行为，需要进行整体设计，统筹安排。我校主要从以下几个方面着手。

（1）设定名师标准

名师的标准更多的应该是一种规范，一种责任，一种追求。能否成为名师，并不在于这个教师是否有什么荣誉称号，真正的名师也不一定都在光荣榜上，而应该在学生的心目中。所以，学校除了上级部门确认的名师外，我们认为只要是师德高尚，业务精湛，乐于科研，勤于进取的教师都可以称为我校的"名师"。但我们要求申报市、区名师必须从校内"名师"中选，避免徒有虚名、名不副实。

（2）组建培养梯队

我校分学科组建教师培养梯队，积极创造机会创设平台"让一部分人先成长起来"，树立榜样，使更多的教师有想法、有奔头。一是对教龄在三年以下的，实施拜师计划，让他们在三年内成为校级骨干、区级新秀；二是教龄在三年以上五年以下的，将区级骨干作为个人目标定位；三是五年以上十年以下的，区级学科带头人或市级骨干教师应作为个人的追求。对于已"成型"的教师，学校给他们提出更高的目标，鼓励他们开拓进取，力争走出区内，打进市内，提名省内。

（3）实施奖励考核

对通过考核并公示后确定的名师给予以下待遇：凡被评为教坛新秀、骨干教师、教学能手、学科带头人、名师的教师，其荣誉称号将被记入个人业务档案；区级以上的名师、学科带头人和教学能手、骨干教师必须从校内的"名师"中选拔产生；在年终评优、职称评定、职务晋升、外出考察学习、学科竞赛中给予优先考虑。

三、几点建议

1. 借鉴上海做法，管理者评选"特级校长"，教师评选"特级教师"。

2. 优秀者必须要有示范辐射、支教挂职经历，促进城乡均衡发展。

3. 特级教师的成长与培养，要在政策上倾斜，措施上侧重，如荣誉表彰、职称晋升、课题申报等。可以尝试"订单"式培养。

汇报至此，我想起了这样一句话："出发时我们轻轻默念，行路上我们时时省察。"今天的总结仅是行进中的一次回首，和兄弟学校相比，我们做得远远不够，师资队伍建设工作任重道远，我们会坚持、坚守，我们会一直在路上。

（文章系2014年9月26日在盐城市加强师资队伍建设和深化人才培养体制改革座谈会的发言）

校园精致管理的实践与思考

"天下大事必做于细，天下难事必成于易。"汪中求先生在《细节决定成败》一书中，对精致管理做出了深度解读。"学校无小事，事事皆教育"，将精致管理理念引入教育领域，用于学校管理已成必然趋势。精致管理是推进教育优质均衡发展、打造精品学校的必然选择。精致管理就是"把小事做完美、把细节做极致"，管理的关键环节、重要环节、每个环节均达到精致的程度，精致管理就是落实管理责任，变一人负责为大家共担，将管理责任具体化、明确化，要求每一个人都要做到位、尽职，对工作负责，对岗位负责。精致管理是"用心工作、爱心育人、真心奉献"的教育思想在管理中的具体体现，其目的就是把大家平时看似简单、容易的事情精心地做好。

一、健全规章制度是实施精致管理的基础

制度是学校管理在工作规范上的具体体现，一套完整、翔实、科学的管理和考核制度，是引导教职工日常工作规范、约束教职工个体工作行为、学校政令畅通、工作取得成效的重要保障。为此，我校结合实际情况制定并完善精致管理的一系列制度，如《绩效工资分配方案》《教科研奖励制度》《教学质量考核制度》《班主任工作制度》《安全工作制度》《突发事件应急预案》等。完善《问题上行制度》，畅通言路、加强沟通，倾听教师心声，接受群众监督，欢迎教师对学校工作提建议，群策群力，共建美丽校园，有效地增强教师的主人翁意识。新建《部门周工作汇总通报制度》，及时通报公示各部门制度的执行情况，督促各部门工作的阳光开展，确保学校工作的透明、高效运转，让校园精致管理有章可循、有法可依。

"没有最好，只有更好"是我校精致管理的核心理念。校长的主要任务

是思想管理、理念管理，即重点规划学校发展，研究办学目标、方针、策略和决策等问题，并将其上升为学校的办学思想和管理准则，为全校教职工导引方向；副校级和各部门主要任务就是管理措施化，将管理思想理念转变为全体师生可以遵循的管理规章、管理目标，细化为可操作、可执行的措施和方法；班主任、教研组长、备课组长、课任教师的主要任务则是管理行为化，运作管理行为，实现管理目标。

"木桶原理"的短板理论揭示了学校管理系统的问题所在。学校是一个系统，其运行状态和效率取决于部门之间的功能协调。学校管理与发展过程中的瓶颈问题，不是师资，更不是硬件问题，而恰恰是学校管理的效率、质量问题。我校教师实行"年级部捆绑式"管理。每个年级为一个管理单元、一个独立"小块"，由中层行政人员兼任级部主任。各个年级段管理到位了，学校的精致管理目标就可达成。

二、增强队伍素质是实施精致管理的关键

1. 要让精致管理思想成为教职员工的共识

通过各种学习、研讨，鼓励教师把精致管理思想转变为自己的基本认识，让他们认识到位、理解到位，内化为自觉行动，鼓励教师用自己所学到的和领悟到的思想大胆实践，不断积淀，并逐步改进自己的教育教学行为。精致管理既有利于学校的长远发展，又有利于个人改变做人做事的不良习气，从而树立良好的学校声誉、教师形象。当然，观念的转变不可一蹴而就，需要时间反复磨合，要允许教师有一个逐步认识和吸纳的过程。"坐而言、立而行"，我们的校训提出"每天进步一点点"，就是让师生明白：要把事业做成功，必须从简单的事情做起，从细微之处入手，坚持不懈、持之以恒，将小事做细、做精，才能每天都进步一点点，享受到成功的喜悦、学习的快乐，每天都努力，每天都进步。

2. 队伍建设是校园精致管理取得成效的保证

精致管理的根本目的在于追求学校管理的效率与效益。管理的关键是执行，执行不到位或执行力不足都直接影响管理的质量。因此，我校着眼于干部人员配置优化、职能分工的优化以及运行的有序、高效，确立了"名师型干部"的管理团队目标。全体中层以上管理人员既兼任正常的教学任务，又熟

悉管理业务，既是教学的骨干，教育的参与者和实践者，又是管理的行家能手。在校园精致管理过程中，所有干部首先是一名普通教师，其次才是学校管理干部，他们能够根据具体的岗位，从一线教师的切身利益出发，适时提出学校管理与服务体制的修正、建议，不断完善、深化学校的管理，使学校管理更"精"更"细"更切合实际。所以，精致管理下的干部能够与教师一起，为学校的方方面面改革建言献策。他们同时也是学校管理体制变革、创新的推动者。如"学校年度主要活动安排自动化系统""学生习惯养成达成目标管理与评价体系""学生自主教育策略与评价方式"等具有针对性、有生命力的管理举措，都是校园精致管理的产物。干部队伍的重要作用在于把控信息、了解实情、职责分工，使全体教职工明确具体工作目标，通过"小团队"带动"大集体"，即通过班子的执行力、影响力去带动全体教职员工的积极性、主动性、创造性。精致管理使学校决策环节、运行环节明显减少，学校各项工作呈现干部与教师上下配合、积极互动的良好管理格局。

3. 持之以恒是校园精致管理取得成效的关键

千里之行，始于足下。校园精致管理涉及诸多层面，师资队伍、学生管理、教学流程、后勤保障、基础建设等无一不需要踏实的探索和实践。其存在于日常工作的每一个细节、校园的每一个角落，必须不断改变粗放型的工作方式，事事力求"精致"，做到每一个步骤精心，每一个环节精细，每一项工作精品。精心是态度，精细是过程，精品是成绩。在精致管理的过程中，面对各种问题、困难和压力，班子成员特别是校长要有对事业的满腔热情和执着追求，要有很强的定力和坚持，要"变压力为动力"，坚定信念，严格执行，一抓到底，绝不动摇，绝不能满足于"差不多""还可以""过得去"，要保证精致管理持之以恒的实行。要采取积极有效的方法，增强师生工作的动力，常抓不懈，形成习惯、传统，渐而积淀为学校文化。

三、提高教学质量是实施精致管理的核心

教学工作是学校的中心工作，是实施精致管理的主要方面。我校教学管理主要是课堂"精益求精"，课外"精耕细作"，实行"三三制"：一是磨课"三部曲"，即青年教师的汇报课、全体教师的公开课、骨干教师的示范课，细化管理，领导深入教学一线，了解师生教学动态，蹲点一个教研组、每周听

好一节课、开好一次课堂教学研讨会、组织好一次集体备课，抓好磨课细节。二是"过三关"，即新课标学习关、新教材培训关、教育理念更新关。校园精致管理与课改同步，全体师生真正为自己的教与学当家做主。三是"达三标"，即教学设计达标、教学方法达标、教学效果达标。广大教师立足于课堂，课堂以抓学生学习状态、学习习惯为重，提高课堂40分钟教学效率。立足于学生自主学习，相信学生的潜能，作业布置"少而精"，以反馈、落实作业过程中存在的问题为重，重在跟踪反馈。建立学困生信息集、问题学生信息档案集和优秀生信息档案集，以帮助有困难、有缺陷的学生为重，帮助他们恢复学习的自信心。通过"三三制"模式的推行，最大的成效就是教与学之间、师生之间内在的对立性、对抗性得到了弥合，教学有了丰厚的人文积淀，实现了教学与社会、个人及生活的有机连接，真正为学生的未来负责，满足学生的终身发展需求。

自校园精致管理实践以来，一方面激发了干部和教师的主人翁意识和工作责任感，增强了自我成就感，提高了工作效率；另一方面教职工参与学校管理，增加了管理的透明度与可信度，其认同感大为增强。学校与教职工形成一个整体，人人明确自己的成长、发展与学校事业发展的密切关系，提高了教职工的自豪感、责任心和使命感。同时，学校各项管理进入正常化、规范化轨道，提升了学校声誉和形象。

当然，我们也清醒地认识到，现代学校的精致管理，其外延宽泛，内涵动态，需要我们不断探索、提高和完善，校园精致管理不能一阵风，而是一项长期的、艰巨的工程。落实和坚持是精致管理出效益的关键，只有坚决坚持实施精致管理，才能促进学校更好更快发展，办人民满意的学校，为教育优质均衡发展做出积极的贡献。

（文章系盐城市亭湖区"校长论坛"一等奖论文）

第六篇

教育杂感

　　本篇章的十篇文章，短小精悍，情理交融，或为教育教学中的偶得，或是日常生活里的随感。作者于细微处见真知、平淡里寓灼见，文章具有丰富的教育哲理，可读性很强。

孩子，懂你好难！

晚饭后，照例去家侧的公园散步。

走在公园的小道上，欣赏着广场舞很有节奏的旋律，没有目标，无意识地走动晃荡着。忽然，一个女孩清脆的哭声从身后传来。循着哭声看去，一个大约四五岁的小女孩，在追一位应该是"少妇"的女性跑，满面的泪痕，让人见了不觉心疼。那成年女性似乎很生气，不理不睬地只顾着往前走，一脸的冷漠。看样子，应该是小女孩的妈妈，至少是家人。权且，是"妈妈"吧。

小女孩哭着，追着，嘴里还含混不清地说着什么。一会儿，紧着跑上几步，拦在了"妈妈"的前面，试图阻止她无情的脚步。而"妈妈"仅侧步晃了一下，便又甩开小女孩，继续向前走去。小女孩只好又追了上去。就这样的前后、左右，不离不弃，有好几次，小女孩差点跌倒，引得"妈妈"也有好几次顿步、停脚，脸上也似乎滑过一丝难掩的心疼，瞬间，又恢复坚定的冷漠，继续好像努力要甩开似的往前走。不错，肯定，她是小女孩的"妈妈"，舐犊情深！

因着职业的敏感与好奇，我放弃了散步，尾随而去。一路上，众多路人侧目，但没有改变这对母女的"生态"。就这样，到了公园门口，母女二人终于在一辆电动车前停下。妈妈把抓在手上的外套，很快地给小女孩穿上，并麻利地扣好纽扣。"妈妈抱，妈妈抱"，小女孩仰着泪脸，张开双手期待着。妈妈不予理会，插上钥匙，推开电动车撑脚，跨了上去，"你上不上，不上我走了"。僵持了几秒钟，妈妈电动车似乎要向前开动。见状，小女孩赶紧爬上车踏板，钻进妈妈的怀里，仍然不甘罢休，双手环抱着妈妈的腰，一只脚用力上跨，搭在了妈妈的腿上，一副努力"被抱着"的样子。

看着这对母女远去的背影，我心中浮想联翩，感慨良多。小女孩，怎么了？她要求什么？过分吗？要求不能得到满足的她，最后化为一个"抱抱"，也未能如愿。有什么值得妈妈这样坚定无情的拒绝，"自以为是"的妈妈或许还认为自己的做法是正确的吧。不知道她们故事的原委，却勾起了我对曾读过的一篇文章《蹲下来看孩子》的记忆，大意是：教育研究人员发现，妈妈带孩子在商场里逛，大多数孩子总是吵闹着要妈妈抱，而成人想当然的思维是孩子撒娇、淘气，便总是一味地拒绝，坚守着那句所谓的名言——"学会对孩子说不"。后经实验观察，走在商场里蹲下来和孩子相同身高时，满眼望去，都是柜台的玻璃或成人的屁股与腿。原来如此，难怪孩子吵闹着要抱起，他们也想一睹大人们眼中的精彩。是的，孩子是独特的，更是真实的。面对孩子的异常，我们是否能不要"想当然"，蹲下身子，换位思考一下，或许就能理解孩子的"作为"，走进孩子的心灵。孩子的真实到虚伪，或许就是因为我们成人太多的"想当然"而造就的。

继而，又想到网络的一篇调侃文章：中国是考试大国，干什么都要考试，入学考、升学考、就业考、升职考、驾考、厨考、礼仪考……不一而足，而就是"结婚做父母"不要考试。因而，对孩子的成长教育，年轻的父母们，或疏忽，或总是全凭自己的"想当然"。在他们的眼里，孩子的"应然"往往被视为"无理要求"、淘气，更为甚者，不少知识分子的父母还引进或借鉴所谓"狼爸""虎妈"的育儿育女经，强行附加在自己的孩子身上，全然不管"橘生淮南为橘，生于淮北则为枳"之理。适合的才是最好的呀！

想到此，不由得长叹一口气，孩子，懂你好难啊！

孩子！童年！

下午上班，处理完一些必须之事，交代了六年级家长会事宜，原本打算读一篇文章，再去教育局开会。窗外李伟老师的声音不断从学校广播里得以扩散——这学期的趣味运动会如期举行。心里不由一动，想这两年学校大大小小的活动，孩子们喜爱的有多少，能够成为传统经典必须坚持的有多少，能寓意教育内涵的是哪些，一个个的问题接踵而来……今年的活动怎样？前期的方案发在群里，看到了，也没有打开。心想既然放手，就放到底。不过，今年的活动又有什么创新之处呢？带着这样的疑问，我信步来到操场。

还真是热闹，活动没有开始。一、二、三年级学生在列队，两位体育教师分头准备，一个负责检录、一个负责组织比赛，还有很多人员各司其职，吵闹喧嚣中还是井然有序的。忽然看到一个小不点儿，应该是一年级的吧，面很熟，只是叫不上名来，印象中学习不是很好，只见他在张勤老师的指挥安排下，帮助放置器材用品，不慌不忙，亦不乱，完成了就坐在长廊台阶上。看样子，他没有什么参赛项目，不过倒也悠然自得，老师安排的任务干得很是乐意。是的，老师要把机会多多给予孩子，学会在孩子面前示弱，这不就是教育？

第一个项目比赛开始了，好像叫接力换物吧。一声哨响，一年级三个队PK起来。吵闹声瞬间变为此起彼伏的加油声，孩子们在为自己的班级同学鼓劲，教师也不自觉地融入其中，指挥着，加油着……不少教师还举起自己的手机捕捉一个个激动的瞬间，师生其乐融融。这样的画面让人激动，更让人感动！一（2）班的刘建豪（音名）很奇怪，学习可能也不好，经常调皮捣蛋欺负人。每每课间见到他，他总是在玩水和泥土，一身脏兮兮的，男厕边上的花草损坏很多，应该是他的"功劳"吧。因受《窗边的小豆豆》的小林校长的做法的影响，我每次见到也只是看看，没有大的影响，就适当地说说而已，没有斥责，所以他还是一直"玩"着，不亦乐乎！这次，他也参加运动会了，而且排在队伍第一个，摩拳擦掌，跃跃欲试，甚是紧张专注。孩子都是这样的，给他一个机会、平台，他也会表现出可爱的一面，这不也是教育吗？

其中有个比赛项目叫什么"播种与收割"，也是接力吧：前一个学生把小桶里的沙包一个一个地放在指定的圈里，是谓"播种"；后一个学生接过小桶再把圈里的沙包一个一个地捡起放在桶里，是谓"收割"。孩子们，很是喜爱，玩得有模有样。不过，有孩子站着把沙包一下子扔出去的，有孩子蹲着一起把沙包捡起来的。我以为，这大概不符合此运动的本意吧：既为播种，是为跑到圈处蹲一下放一个；既为收割，是为跑到圈处蹲一下捡一个，这样跑着，蹲下，站起……运动才有强度与节奏。如果孩子们明了此运动项目的寓意，玩起来或许更有意味，这应该也是教育吧。

教育在无意间，教育在无痕处。

孩子就是孩子，童年就是童年。童年不可跨越，童年不可拔高。童年应该是有颜色的，像七彩的虹，需要教师的"阳光"；童年应该是有声音的，像动听的歌，需要教师的"伴奏"；童年应该是有梦想的，像美妙的画，需要教师的"点染"。我们应当做些孩子喜爱的事，开心的活，给其童年增点色！

孩子，让我们一起同行

在孩子的求学生涯中，曾听有"黑色的初二"之说，大概是说孩子的青春期成长发育所带来的一些思想行为的异常，心理学称之为"逆反"，多发生于初中二年级。其实，逆反期是每个孩子人生的必经阶段。我以为，只要父母师长关心到位，指导得法，孩子都能顺利度过。我的经验体会大致有如下几点。

一、关注

孩子进入青春期，生理的变化，心理的成熟，都会带来一个个未知的问题与挑战。我的孩子是男生，故在其人生成长道路上，我都努力地给予全程的关注。孩子每一点的长大进步，我都看在眼里，放在心里，慢慢地欣赏着花开。我只是在某些关键期，适时地给予预前告知或事后分析，让其知晓必要的常识，帮助其淡然地面对每一个挑战。所谓，临阵不惧，见怪不怪。

二、陪伴

孩子进入青春期，性意识骤然增长，独立欲望增强，情绪易极端化，这些都会让孩子莫名的烦恼、焦虑，还常常表现出孤独、不安或冲动。这时，孩子看似自我强大，实则内心柔弱、易感多变，亟须父母师长的关怀、陪伴与帮助。因为工作的便利，儿子小学的六年我都伴其左右，从容地面对每一个问题的到来。升入初中后，我仍竭力地抓住或创造每一个陪伴的机会，上学、放学的接送，三餐的共享，每日作业的伴学（他写作业，我读书看报），聊聊校园趣事，说说时事政治，谈谈家长里短。自然地，他想的众多念头，遇到的诸多事件，都能在陪伴里积极妥善地得到解决，而不再是烦人的问题。所谓，一直都不是一个人在"战斗"。

三、策略

对待青春期的孩子，父母不可表现出唯我的家长作风，强制粗暴，只会引起孩子更为激烈的情绪反应，甚而走向极端。是谓，两强相较，必有一伤。对孩子的逆反言行，我向来坦然处之，把住方向，抓大放小，原则性的重要问题没有商量余地一锤定论，枝节的无关要害的小是小非，给其自由，宽容待之，让其自主面对，长其能力，丰富阅历。另外，我还常用一些策略来防患于未然，如孩子青春期表现出的对异性交往的渴望，我则"欲擒故纵"，时常与其谈此话题，笑言评说，降消其新奇之想，还借一些案例晓之以理，剖析本质，打开其心头之"锁"。有时，我还故意"示弱"，适机抛出一些问题，请其帮忙分析解答，常常就在我问他答的互动中，把一些不便启齿的话题说开了，谈透了。所谓，方法总比困难多，见招拆招。

总之，对于青春期的孩子，我们经常性地换位而思，便能从容应对，多关注、多陪伴、多交流，孩子就能始终向你敞开心扉。知其内心，晓其言行，便能有的放矢，化解危机，"逆反"也就不再可怕，就能还孩子青春期应有的亮丽"金色"。

花香会有时

——写在校报首发时

　　萌，即芽，小谓芽生发之过程。萌芽，初生勃勃之态，寓之生机，寄之希望。

　　巴金老人说："任何萌芽只要得到阳光和雨露的养料，就会展开她那'欣欣向荣'的前途。"我由此想到，学校教育不也就是给孩子们充沛的"阳光和雨露"，让其充分地展开"每一个"的前途吗？近年来，学校坚持"让教育温润生命"的理念，积极让每一个学生都享受优质教育，唱响幸福童年，努力为孩子一生的发展积蓄力量。因着"每天进步一点点"的校训之义，学校因时因地，搭建起一个个成长平台，开展了一个个教育活动："三爱"主题教育、"六节"文化活动、十大社团组织、系列习惯养成，还有连续七届的"萌芽"杯作文大赛、连续八届的"红黄蓝"杯书画大赛、"交响"杯才艺大赛、"Don't be shy！Have a try！"校园英语节也均已连续三届，更有每年一度的六一文艺演出、校园诵诗会，入学仪、入队礼，成长仪、毕业礼……丰富了学生的校园生活，成就了孩子们的个性发展。"萌芽"校报的创立，亦是此念，旨在给孩子们一片新的园地，让孩子们快乐学习，精彩生活，张扬个性，放飞梦想，也能记录下学校发展、师生成长的一个个足迹。

　　真诚地祈愿，"萌芽"校报成为师生幸福成长的一方"沃土"，期待"萌芽"长成时，树木葱茏，花香四溢。

教育合力须有效施行

——由学生作业家长签字想到的

常说：父母是孩子的第一任老师。意即，对于孩子的教育，父母义不容辞，责无旁贷。一项教育研究也表明：就时间而言，孩子在家与父母相处的时间是在学校与老师相处时间的三倍之多。由此足以说明家庭教育的重要，父母家长对学校教育支持的重要性。对于学生作业家长签字问题，作为教师又是家长双重身份的我是这样想的，也是这样做的。

一、正确支持

对于学生作业的签字问题，做父母的家长自然是分内之事，举手之劳。不过，深层思考一下，学生作业家长签字看似一个督促孩子完成作业的小事，实质也反映出家校配合的有效问题，对于孩子教育家长应承担的职责问题。我认为：对于老师提出的教育配合要求，家长既不能奉若神明，视为圣旨，亦步亦趋，当然也不能置若罔闻，不理不睬，无动于衷，而要积极面对，正确支持。家长要正确理解领会老师的意图，针对孩子的现状有效地配合：是督促完成作业，还是帮助完成作业，要因人而异，因时而变。关键是培养孩子作业的正确态度、良好习惯，远比完成作业重要。

二、有效配合

孩子的教育学习，父母家长理应关心配合。尤其是对初入学的孩子，良好的学习习惯培养更为重要，家长的配合更不可或缺。作业是学生复习与巩固知识的有效载体，也是提高学习效果的有效途径，更是孩子反思自己学习行为的有效依据。作业能否完成，完成时效如何，态度表现怎样，是孩子学习的一个综合体现。对于孩子老师的作业短信，我的做法是：仅把它作为检查孩子是否能足量完成作业的依据。至于作业的对错，我不予关心检查，那是孩子自己的事。每天我只检查孩子作业做完了没有，是否认真完成，作业态度、字迹整洁如何，完成时间怎样，是否拖沓松散，作业效率怎样。我从不另行布置额外作业，高质量地完成作业就是孩子学习的有效巩固。有时遇到不会做的，我也不教，而是引导其自己思考，或查阅教材等资料，或电话请教同学、老师，实在不行那就空着。我认为，初始就要让孩子对自己的学习有自我意识、责任意识，帮助孩子形成正确的作业态度，形成有效的作业行为。

三、积极沟通

孩子的教育需要学校、家庭的密切联系与配合，才能形成教育合力，才能因材施教、有的放矢，增强教育效果。对于孩子一段时间在家的学习表现、作业情况，我经常性地与教师交流，或电话或短信，甚至面谈。交流孩子在家情况，让老师及时有效地调整实施对孩子的个性化教育方案；了解孩子在校的言行、学习动态，学习请教老师教育孩子的方法、措施，积极有效地配合学校教育，真正地把家校的教育合力在过程中实施。

教育需要形成合力，更需要有效施行，方能显现其应有成效。学校作业家长如何签字，便是一例证。

润育无形　拔节有声

南苑：亭湖之南，教育良苑。在曾享有"万户"之称的盐南新村，坐落着一所悠远雅致的校园——盐城市南苑小学。在这里，四季花红柳绿，师生怡然康健，美丽的风景与典雅的文化交相辉映。徜徉其中，身心愉悦，兴趣盎然。

近年来，因着"厚德尚绿"的校训之义，学校坚持"立德树人"，积极探索绿色教育之路，让教育温润生命，教育的情怀历练育人的品质：立足"绿色"课堂，践行让学引思；真抓实干，建构"绿色"质量提升机制；创新教师管理制度，倡导"绿色"人文关怀；学生每周一个好习惯，推行"绿色"养成教育；聚合幼教资源，促进"绿色"幼小衔接；探寻"和而不同"的校园文化，追求"美美与共"的绿色生态……南苑人，团结奋进，砥砺前行，用心培育着一批批幸福苑娃，以回报盐南这方土地的深情。

新时代，新发展，真诚地祈愿：在南苑这片"沃土"上，树木葱茏，花香四溢，润育无形，拔节有声。

保护童真　品味童趣

　　星期一，我总值日。又是大课间，我例行巡视。在操场上，无意中，我发现几个男孩子在学校东花池边跑来跑去。怎么能在花池里跑呢？那会踩坏花草树木的。带着疑惑，我走过去，叫住那几个孩子。经询问，他们是在做游戏，大概叫什么"猫捉老鼠"吧。我没有指责批评，只是告诉他们，不要在花池里玩，会踩坏花草的。他们若有所悟地点点头，就跑开了。我也离开了那里。过了一会儿，回头东望，只见又有几个孩子在花池里跑，还有几个女生，边跑边笑。不由得心头生起无名之火，快步走过去，叫住他们。刚要教训斥责，只见一个小女孩满头是汗，仰头看着我，脸上挂满了笑容。不觉心头一颤，硬把要说出嘴的"责怪"又收了回来。低头耐心地询问，方知，他们在玩"捉迷藏"。难怪，他们一会儿躲在花丛里，一会儿又藏在大树下。明知道，不高的花丛难以藏身，大树也不够枝繁叶茂，但他们仍然玩得不亦乐乎。

　　事情虽小，留给我的思考却很多。对于大课间，学校统一组织体育活动，或全校一样，或一个年级一个班级一个项目，此种形式，我打心底不予苟同。课间活动，应是孩子们自由释放、个性张扬的时间，而学校人为地安排一个体育项目，势必会束缚影响孩子的兴趣。参观过很多学校谓之很有特色的大课间活动，整齐划一、五彩斑斓，然而感觉孩子们的脸上却少了些许童真烂漫的笑容，很多是无奈。故而，我们的大课间，孩子们更多的是自由活动，三个一群，五个一伙，玩着他们"自己"的游戏，开心极了。当然，建立大课间值日巡视制度，是为了确保孩子们的活动安全。对于"捉迷藏"游戏，我们这代人并不陌生，小时候玩得很多，且很有"水平"。草丛里、大树上、小沟旁……都是我们欢乐的"世界"。那个时候，农村学校里总有几棵大树，印象中，儿时的我们要几个人才合抱得过来。没有什么体育设施，大树就是我们的朋友，或比赛爬树，或围着大树跑，或倚坐在大树下抢看难得的一本连环画。常常，银铃般的笑声一串连着一串。而现代化的今天，大多数学校都有红绿相间的塑胶操场，大树几乎没有了，即使有，也做成所谓的"树池"给"保护"起来了。课间的叽叽喳喳少了，孩子们或是被留在教室里看书写作业，规避着安全意外，或是参加学校统一组织的课间体育活动。率性童真的孩子的童年，就这样被"长大"着。

无独有偶，星期二，春雨霏霏，似乎停不下来。又到大课间，铃声一响，操场上瞬时热闹一片，孩子们全然不受细丝小雨的影响。定式习惯，我捧起茶杯，走至窗前，欣赏起孩子们的课间活动来。无意中，发现一年级教室前，两个女孩蹲在地上，拨弄着两个纸片。仔细一看，原来是沙沙小雨造就了操场洼地的两处"水塘"。她们把用纸折成的小船放在水面上，或用手推进，或用嘴吹动，玩得很是认真投入，童趣盎然！此情此景，不由勾起我童年的回忆。记得儿时，一张纸在我们手中，可以变出百种"花样"，或折成"小飞机"，比赛谁飞得远，飞出时还不忘对着飞机头哈上一口气；或折成三角板，大的"拍"小的，看谁拍得多；或折成"小轮船"，有时还豪华一下，船舷处加道折，然后小伙伴们一起到小河边"下水"，看着自己的"杰作"顺流而下，心底涌起阵阵快意。还记得，我那时用木块做了一个很"精致"的小船，橡皮筋缠上木片做"动力"，船在小水沟里，还真能自己"走"上一段路程。唉！相较现在的孩子，玩具越来越高级、越来越智能，常常也玩得十分"尽兴"，时不时还听到"成瘾"之说。可似乎现在孩子们的玩耍少了些许"什么"吧。这时，一个成人的身影闯入我的视线，美好的童年回想戛然而止。原来是我校的大队辅导员，她在和那两个孩子说着什么。孩子们点了点头，把放在雨水塘里的小船拿了起来。还好，小船没有被"没收"。看孩子们的表情，似乎也没有挨批评。情有可原，少先队辅导员负责学校一日常规，环境卫生往往是"老大难"问题，故成了其首要工作。平日里，孩子们"飞"纸飞机，飞完了，还知道捡回来，可到了雨天，一旦飞到水塘里，就会弃之不理，让其"夭折"在那里。因此，阴雨天的学校卫生，便更加困难些。欣慰的是，就纸飞机一事，我曾在校务会、教师会上专门讨论分析过，故而，干部、老师们都能正确对待，没有斥责制止，多的是教育引导。

是的，教育无小事，事事皆关乎孩子的成长，不能简单地一概处之，需要我们新的教育理念支撑，需要我们坚守一些做法，还教育些"温情"，努力让教育温润生命。如果说因为操场上散落些"夭折"的纸飞机、"翻覆"的小纸船而造成环境卫生较差，那么，我愿意姑息不究，也要保护孩子们还仅存的那点童真、童趣。权且为固执吧！

童年，不可超越，亦不可替代。保护童真，品味童趣，是我们教师在传授知识之外最为重要的"功课"。

（文章发表于《江苏教育研究》2014年第8期）

推开那"一扇门"

儿童文学作家秦文君曾说，"更好的教育"应是一扇大门，推开它，满是阳光和鲜花，它能给孩子们带来自信、快乐，引导孩子们自觉地成长。

昨天，学校青年教师赛课正式拉开帷幕。首先是英语学科，一天四节课，四位教师执教。作为外行的我，因为校长与"名教师"光环的缘故，被邀请做评委。不过，一天下来，感慨还挺多：英语课堂，教师全程的英语教学对话，跟不上，也不能全听明白，但偶尔的一两句听懂了，感觉真好！仿佛找到了当年学习英语的记忆；先进的多媒体教学手段，教师运用自如，对于语言教学的听说读写"捷径"很多；寓英语学习于生活情境之中，孩子参与热情高涨；刘老师的任务驱动学习、话题分享英语展示，注重孩子的学以致用；陈老师的单词联想学习，求同存异、变与不变、类比迁移，数学的辩证逻辑思想尽现，孩子英语学习有规律可循；还有很多，难以言表。然而，也有几个问题引发了我的思考：热闹课堂氛围下的英语训练有效性如何？几个"精英"学生可以英语展示，大多数孩子怎么办？学生的个性化学习在哪里？是的，大概他们的英语学习都有"一扇门"吧！期待老师一个个地去帮助推开。

上周我一时心血来潮，也因天气渐渐转冷，更重要的是孩子们的课余时间"无所适从"，便提出了"跳绳行动"：让人人会跳绳，跳好绳，让跳绳成为我校孩子的一项技能，当然，跳绳能成为学校的体育特色活动更好。坐而言，起而行，周五的校务会上做了布置，达成共识；本周一升旗仪式亲自做了"跳绳行动"的动员，全校呼号：我跳绳，我健康，我快乐。同时利用校信通告知学生家长相关准备事宜；周二大课间又亲自抓起话筒，让全校孩子们先来个一分钟跳绳，再做操，后低年级退场，中高年级跳长绳。于是每天的大课间操场上热闹沸腾……更为欣喜的是，还有很多老师也参与其中。学生、老师，笑意盈盈，其乐融融，平日师生关系总因为学习的表现或成绩而人为的紧张，瞬间烟消云散。那"一扇门"仿佛自然而开。

今天，跳绳时间，我照例在操场上转了转。无意间，一个小个子跳入我眼帘，六年级的那个人称"小老鼠"的孩子，在跳长绳，洋溢着一脸的笑意，满是阳光。因为人员紧张，今年我还兼任了六年级几个班的品德教学。每次上课，"小老鼠"都是低着头，在桌肚里摸索，没有课本，桌肚里其实也什么都没有，与之交流，抬头便是一脸的茫然与恐惧。经了解，"小老鼠"由于家庭原因，身体发育明显过慢，六年级的学生与一二年级的孩子差不多个头，学习成绩也不好，便一直受嘲讽打击，"小老鼠"绰号也由此而来。然而，学科学习方面找不到尊严的他，在跳绳运动上却显得格外自信，昂着头，笑着脸，腰杆仿佛也更加挺直了。原来，跳绳是他的那"一扇门"！我甚是欣喜，也更加期盼，"跳绳行动"能推开更多孩子的那"一扇门"。

习近平总书记说："我们的人民热爱生活，期盼有更好的教育……"作为最基层的教育管理者的我，一直在思索："更好的教育"是什么？如何实现"更好的教育"？出发点与落脚点在哪里？不经意间，原来"更好的教育"就是孩子心头那"一扇门"，我们只要去推开它就可以了。

追寻笔尖上的幸福

在当前社会多元的市场经济大潮之下，教师的心理失衡、职业倦怠日益明显，并趋向严重。如何重拾教师的职业尊严，激发教师的从教热情，追寻教育独有的那一份"幸福"，便显得更为急切与重要。

2013年底，我偶读李烈校长的一篇文章，其言：教师的幸福感来自做人的归属感与做事的成就感。甚有感触。归属感源于集体的关怀温暖与组织的文化熏染，自不多言。而成就感在哪里？如何激发与追寻？我以为，我手写我心，让教师的心声在自己的笔下流淌，不失为一途径。于是，学校继"共读"又有了"共写"——教师撰写教育随笔或教学手记，每月20日传送给我，我尽我能力水平批阅并逐一点评反馈，并列入了2014年的学校工作计划，作为"一把手"工程，借行政之力予以推动。

欣喜的是，教师们的首篇文章，佳作云涌。《把"传阅"进行到底》一个小的举措引发了班级的"震动"，作业书写不再成为"老大难"。《在听吗？懂了没？》对多年如一日的常态课堂，再做深入的反思，学与教的方式变革悄然进行着。《面对无助》"问题学生"的"问题"不再是问题，教师的眼神，没有了厌恶与漠视，多了理解与宽容。还有《我们的教育怎么了？》的呐喊与彷徨；《学习永远不晚》教师一桶"流水"，才能"不腐"，终身学习的自省；《留守儿童之"痛"》的教育之"痛"；《请不要低估孩子》的学生观重建等等。当然，更多的是教师们的教学手记、教后反思，《回归》教学一得的成功喜悦，《适合的才是最好的》教学策略的思考，《让一部分人先"富"起来》课堂的组织教学，《有你，世界更精彩》课堂生成的精彩，不一而足。作为倡导者，甚是欣欣然！带着喜悦的冲动与激情，逐一对教师们的文章做了反馈点评，是否恰当，那就是个人水平能力问题了。

良好的开端，坚定了坚持的信念。每月临近20日，我总是不间断地给予提醒，并且通过不同平台媒介抛出关注的话题方向，或引领探讨写作的方法指导。教师们的优文佳篇，也不断地涌现。因着每月20日，QQ、邮箱、纸媒传递着我与教师们的文字交流，渐而，在教师们中，也就戏谑为：我和校长写"情书"。为了进一步促进教师们的交流分享，学校于暑期的教师学习班组织了专题交流沙龙，于2014年底，还组织开展了"教育故事大家谈"活动，得到了教师们的积极响应与参与，收到了很好的效果。更为可喜的是，通过"共写"活动，教师们也悄然在改变：对自己平凡的教育教学，多了些许关注与思考，自然也就少了抱怨与倦怠；看学生的眼神柔和了，热切了，对学生的问题更加有"主意"了；勇于探索、尝试实践的教师多了，收获多了，思想也有深度了，张口而出的也都是"道道"了；心思细腻了，工作细致了，教师们的相处也更加和谐了……更重要的，我和教师间多了一个沟通的载体，平日不便面说的意见、建议或要求，以此做无言的交流，成效亦倍加。

就这样，不知不觉2014年渐近尾声，每月的"鸿雁传书"累积下一大批清新活力的优秀文章，触发了我汇编辑集的想法。有米有柴易成炊，想法很快付诸现实，组建一个汇编小组，对一年近500篇文章加以择选、分类，并提出意见让作者再加修改、润色，最终鲜活的70篇文章脱颖而出。看着教师们流泻于笔尖的一篇篇文字汇编成了一本本墨香四溢的文集，心中的喜悦感慨，油然而生，这不就是教师们坚守教坛而追寻的那份幸福吗？这不也是作为校长的我，一直坚持而得的那份成就感吗？亦是幸福吧。

欣然做了回顾，陈言于此！

奋战一年　创造佳绩

——2016年秋学期初三年级开学典礼家长发言

尊敬的各位领导、老师、家长朋友们，亲爱的同学们：

大家下午好！

金秋九月，和风送爽。今天，我非常荣幸地代表初三年级的学生家长，在此发言，表达作为学生家长的感想与心声。我想从三个方面，也是三个角度，来说一说我的内心想法。

一、我想对学校说——感谢

感谢学校给孩子们创设了温馨优美、积极向上的成长环境，感谢学校给孩子们配备了最强的师资阵容，感谢学校给孩子们开展了丰富多彩的教育活动。两年前的八月，王子尧同学在小升初考试中幸运地考取了盐城中学（以下简称盐中）。从接到录取通知书的那一天起，我的家庭便和盐中紧密地联系在了一起，盐中的每一点变化与发展，孩子的每一点成长与进步，都牵动着我们全家每个人的心。近年来，"四个盐中"建设，硕果累累，捷报频传；名师团队遥居全省第一，今年又有四位教师当选特级教师，又从各地选调了一大批的精兵强将、名师能手，从我们初三年级的教师配备可见一斑；学生素质稳步提升，学霸不断涌现，今年中考高考第一名再次花落盐中。大爱盐中，大智盐中，大美盐中。因此，我要感谢，感谢学校的倾情教育，感谢老师们的辛勤付出，正是你们的无私奉献，才成就了我们孩子的健康成长。所以我要代表家长朋友说出我们的心声——大盐中，棒棒哒！

二、我想对同学们说——拼搏

"鹰击长空，鱼翔浅底，万类霜天竞自由。"孩子们，初三是你们人生求学生涯中又一重要阶段，你们将面临的学习更加辛苦：每天的学习时间要延长，又新增加了化学科目，课程容量、学生负担显著增加，更重要的是你们还将面临中考的一次人生选择。另外，你们还要面对青春期的迷茫与困惑，紧张与焦虑。如何能够安全顺利、积极愉悦地度过初三这一年？我想给你们两个建议：一是要有梦想。马云说过："人还是要有梦想的，万一实现了呢。"是的，没有梦想，就没有实现的可能；有梦想，就会有努力的方向；有梦想，就会有奋斗的目标。同学们，我以为，你们现在的梦想目标就是顺利升入理想的高中，为了实现这个目标，你们要化大为小，把它转化为初三年级整个过程中的一个个小目标。例如，每一次考试成绩的上升、名次的进步，每一节课的认真听讲、用心领悟，每一次作业的完成质量与效率，每一阶段学习的总结与反思，小步子，快节奏，稳位次，这样，你们就能走向最后梦想的成功实现。二是要会拼搏。在刚刚闭幕的里约奥运会上，中国女排团结一致，艰苦拼搏，最终夺得冠军，获得了最具含金量的三大球之一的金牌。女排的获胜，在中国大地上掀起了"弘扬民族精神"的热潮，女排队长惠若琪是这样解密成功的：我们最终的胜利，得益于始终不渝的拼搏与关键时刻的坚持。因此，我以为，女排精神可以提炼为：坚持与拼搏。是的，同学们，人生能有几回搏。希望你们学习发扬女排精神，拼搏再拼搏，坚持再坚持，最终必将获得成功。所以，我要代表你们的家长大声对你们说——孩子，你们每一个都是最棒的，希望就在前方，加油！

三、我想对家长朋友们说——保障

关键的初三，特别的一年。作为家长，我们要做的就是保障，饮食起居的照料，头疼脑热的关怀，心理思想的呵护，要一一保障到位。在这里，我没有太多的经验做法，我想用美国年度优秀教师雷夫给家长的几个建议，与大家共勉。一是每天一定要和孩子一起吃晚餐。我以为，这不仅仅是陪孩子吃饭的意思，而是说要陪伴孩子。陪伴是最好的教育，交流是最好的方法，做到了，孩子就能即时向你敞开心扉。因此，哪怕你工作再忙，应酬再多，每天或每周都应尽可能地抽出时间陪陪孩子，吃顿饭，说会儿话，或者接送孩子一次上下学，因为有接触，就有碰撞，就会激起亲情感恩的火花，孩子的内心就能生发努力奋斗的力量。多年来，我一直坚持这样做：无论睡得多晚，早晨都坚持起来，陪孩子一起吃早饭。边吃，边聊聊班级的趣事，要知道，一个人的早饭是不香的，没有胃口的，愉悦的情绪能够促进食物营养的更好吸收。没有特殊情况，每天午饭我都等孩子回来一起，边吃，边听央视新闻，还就一些时事新闻、社会现象做讨论分析，不要让繁重的学习，限制了孩子的社会见识，寻找一切可能的机会让孩子参与体验。阴雨、暑夏、寒冬时节，我还坚持送孩子上下学。要知道，你的宽大背影会在孩子成长的心灵深处种下感恩，激起奋斗。二是不要让孩子过多地接触电视电脑。科学研究表明，音视频画面的连帧转换，会伤害孩子的视听，形成浅表的信息输入，长此以往，会造成孩子时间浪费、精力分散、思维懈怠、注意力难以集中，影响孩子学习，更影响成长。因此，尽可能不要让孩子接触电视电脑。不要奢望孩子能自控，电视节目、电脑游戏，都是有诱惑的，孩子都会依赖迷恋。三是让孩子保持充足的睡眠。没有良好的睡眠，就不会有充沛的精力。渐而，就会恶性循环。面对初三紧张繁重的学习，作为家长，我们要做好一切保障，节约每一点时间，提高每一项事务的效率，努力让孩子多睡一会儿，保持良好的精神状态。好了，啰唆这么多，没有章法，缺少理论，仅供大家参考。

总之，为了孩子，让我们全力以赴，奋战初三这一年，冲刺明年大中考，再创盐中新辉煌。最后，真诚地祈愿孩子们学习进步、快乐成长，祝愿老师们身体健康、工作顺利，也期盼我们大盐中，明年中考再结硕果。

谢谢！

后 记 ▶

数学，与我有着特别的情缘。

从农村走出来的我，自幼便十分喜爱数学、擅长数学，求学期间的数学学科成绩总是遥居前列。那个年代，那个地方，那时的我也不懂得"奥数"是什么。由于信息的闭塞、学习资源与平台的匮乏，难得有机会获得一本类似的习题集，便如饥似渴地"啃"起来。可是，没有经过系统的训练，也没有专业教练的指导，数学竞赛的路走得异常艰难。小学、中学都曾被推荐参加县赛，也都无果而返。但，这丝毫不影响我对数学情有独钟。

盐城师范首届"3+2"小学教育专科的学习，虽然后两年的课程略偏向文科些，但是高等数学也学了一年多。对数学有先天禀赋的我，就显得轻松自如。学习、作业、考试的时候，也是我的数学才能的用武之时，为此我还被同学们戏称为"数学王子"。或许是姓王的缘故吧，也就这样叫开了。1996年参加工作，首任学校六年级毕业班数学教学，指导培养了13个学生考入重点中学，人数是同轨班级的两倍之多。继而，数学也就这样教下去了。工作次年，参加县区赛课，幸运夺得头筹。2004年参加市赛课，又斩获一等奖。之后的省赛、全国赛课，奖誉频频，"数学王子"的称号又被传开了。我知道，这时的"数学王子"内涵已由上学时的会做题、得高分，而转为上课好、善指导了。

一路走来，数学伴随我的工作与生活，我也痴情于数学教学。随着年龄、阅历的增长，不断地思考钻研，我对数学的理解与追求也由"教学"上升为"教育"。回首这20多年的历程，虽步履蹒跚，然足迹坚实。期间，我遇到了很多的贵人，恩师马群仁院长的谆谆教诲，知音倪习龙校长的示范提携，师父游基宏老师的指导帮助，还有在袁敬丰主任的名师工作室里多年的打磨、锤炼……正是得益于他们的鼓励、鞭策与指引，我顺利行走在专业成长的路上，与数学的交往也愈加"深情"。

今天，有机会把我于教坛打拼20余载的"果实"辑集成册，欣喜之余，更多的是感恩。感谢各级领导专家的关心爱护，感谢朋友同仁的真诚助力，感谢家人的默默支持……尤其是与儿子相伴共同成长的那些岁月，他即便在读高三，仍欣然写些文字为本书作序。当然，成书的过程中，还非常感谢杨传冈师弟的鼎力推荐与指点，汤萌萌编辑全程不厌其烦、不遗余力地热心相助。

　　囿于本人的理论水平与实践能力，对诸多数学教育教学问题的思考还很肤浅、片面，不当之处，恳请专家赐教。对于本书里引用借鉴的名家言论与成果，在此也一并表示诚挚的谢意。

　　真诚地祈愿，本书蕴含20多年的奋斗成绩，能成为我从教生涯里的一座里程碑，亦盼之成为我未来征途中的灯塔，激励我前行。

王恒干

2019年7月27日于盐城